CHRONIQUE
DU LIBAN REBELLE

1988-1990

DU MÊME AUTEUR

CHAGRIN LORRAIN *(avec F. Baudin)*, Seuil, 1979.
L'ÂGE-DÉRAISON, Seuil, 1982.
TRANS-EUROP-EXPRESS, Seuil, 1984.
TANGER, Quai Voltaire, 1987 ; Livre de Poche (6783).
L'ENTHOUSIASME *(Mémoire tu l'appelleras, tome 2)*, Grasset, coll. « Les Cahiers Rouges », 2006 (première édition en 1988, au Quai Voltaire).
LES TAMBOURS DU MONDE, Grasset, 1989 ; Livre de Poche (7361).
PORTRAITS CHAMPENOIS *(avec Gérard Rondeau)*, Reflets, 1991.
LA PART DU DIABLE, Grasset, 1992.
LITTÉRATURE NOTRE CIEL, *souvenir de Heinrich Maria Ledig Rowohlt*, Grasset, 1992, hors-commerce.
LES FÊTES PARTAGÉES, *lectures et autres voyages*, NiL éditions, 1994 (Prix Marcel-Thiebaud et Prix Liberté littéraire).
MITTERRAND ET NOUS, Grasset, 1994.
DES HOMMES LIBRES. *La France libre par ceux qui l'ont faite*, avec Roger Stéphane, Grasset, 1997.
ALEXANDRIE, NiL, 1997 ; Folio (3341).
TANGER ET AUTRES MAROCS, NiL, 1997 ; Folio (3342).
JOHNNY, NiL, 1999.
ISTANBUL, NiL, 2002 ; Folio (4118).
DANS LA MARCHE DU TEMPS, Grasset, 2004 ; Livre de Poche.
CAMUS OU LES PROMESSES DE LA VIE, Mengès, 2005.
LES VIGNES DE BERLIN *(Mémoire tu l'appelleras, tome 1)*, Grasset, 2006.

Ouvrages collectifs

POURQUOI ÉCRIVEZ-VOUS ? *sous la direction de Jean-François Fogel et Daniel Rondeau*, Livre de Poche-Biblio (4086).
L'APPEL DU MAROC, *sous la direction de Daniel Rondeau*, Institut du monde arabe, 1999.

DANIEL RONDEAU

CHRONIQUE
DU LIBAN REBELLE

1988-1990

BERNARD GRASSET

PARIS

ISBN (10) 2-246-44641-4
ISBN 978-2-246-44641-5

Précisions, dates, personnages

Le Liban représentait, dans une région du monde souvent gouvernée par les fanatismes, un exemple unique de démocratie, de tolérance et de coexistence religieuse. Un exemple imparfait, mais l'histoire de ce siècle n'a cessé de nous apprendre que reconnaître la diversité, c'est aussi accepter le défi de l'imperfection.

Après la création de l'État d'Israël, la jeune République libanaise accueillit des dizaines de milliers de réfugiés palestiniens. Au fur et à mesure que la cause palestinienne progressait, les responsables politiques libanais, insouciants, naïfs, timorés, et tout simplement solidaires d'un peuple chassé de sa terre, laissèrent se développer un État palestinien dans l'État libanais. La pugnacité des exilés paralysa les institutions de leur pays d'accueil. Les feddayin *finirent par imposer leurs lois, parfois sanglantes, aux hospitalières populations libanaises. L'OLP profitait alors pleinement de la solidarité des nations arabes et d'une certaine bienveillance occidentale. Les Libanais, menacés dans leur sécurité sur leur propre territoire, en furent bientôt réduits à l'auto-défense. Des milices se développèrent dans les quartiers, dans les villages et sur les lieux de travail.*

Le 13 avril 1975, de sanglants incidents opposèrent à Aïn-Remmaneh des miliciens chrétiens et palestiniens. Le Liban entra ce jour-là dans une guerre qui dure encore. La Syrie, qui n'avait jamais reconnu la souveraineté libanaise, décida de profiter de ces circonstances dramatiques pour intervenir, de façon indirecte et directe, chez ce voisin dont elle ne supportait ni les qualités démocratiques ni la coexistence des communautés[1].

*Le régime d'**Hafez al-Assad** était à l'opposé du régime libanais. Son despotisme conjuguait à la fois la force d'un parti unique, le Baas, et le privilège d'une minorité confessionnelle, les Alaouites. Les multiples interventions d'Hafez al-Assad furent d'autant plus efficaces qu'elles bénéficièrent d'une large complaisance internationale, souvent stimulée à Washington comme à Paris par **Henry Kissinger**, l'homme qui inspira si longtemps la politique extérieure américaine et qui déclarait encore en avril 1989 sur les marches de l'Élysée :* « God may punish me, but I rather like Hafez al-Assad. »

La Syrie suscita des discordes un peu partout au Liban, et entraîna Libanais et Palestiniens dans des querelles suicidaires, nouant d'éphémères

---

1. De nombreux commentateurs aiment à rappeler que ce sont les chrétiens qui ont appelé les Syriens. Péroncel-Hugoz fit un sort à cette légende dans son livre *Une croix pour le Liban* : « Aucun document officiel émanant des présidents Frangié ou Karamé, respectivement chef de l'État et chef du gouvernement libanais, ne mentionne une demande d'intervention militaire à Assad. S'étant produite, elle a dû, ensuite, être " légalisée " par les dirigeants libanais pris à la gorge ; le président Amine Gemayel (...) a mis un terme à une ambiguïté juridique en demandant officiellement, vendredi 2 septembre 1983, le retrait des troupes syriennes et des combattants palestiniens de tout son territoire. »

*alliances avec l'un ou l'autre clan autour d'intérêts particuliers et conjoncturels. Cependant, les Syriens avaient l'habileté de respecter les « lignes rouges » qui jusqu'à la chute d'**Aoun** limitèrent leur possibilité d'action au Liban. Israël leur avait en effet imposé de ne pas franchir la rivière Litani au sud du Liban, de ne pas utiliser leurs avions dans l'espace aérien libanais, et de ne pas pénétrer dans le « réduit chrétien ». En contrepartie, la Syrie affectait de ne plus se préoccuper de sa province du Golan, occupée par **Tsahal**, l'armée israélienne, et partiellement annexée. Elle fermait les yeux sur l'occupation du Liban-Sud par Israël. C'est ainsi qu'on a pu parler « d'accords tacites syro-américano-israéliens ».*

La Syrie ne s'est pas privée de peser sur la vie politique libanaise. Sa présence militaire massive à Beyrouth-Ouest empêcha toute expression démocratique. Son usage répété du crime terrorisa une partie des élites. Plusieurs personnalités de premier plan, musulmanes et chrétiennes, furent assassinées. A chaque moment important de l'histoire libanaise, la Syrie augmentait sa pression. C'est ainsi que les présidents de la République libanaise sont depuis longtemps régulièrement convoqués à Damas, pour se faire dicter « leurs » décisions. En 1976, par exemple, Hafez al-Assad « déconseille » au président Elias Sarkis de collaborer avec Kamal Joumblatt, le chef druze, trop patriote à son goût. Kamal Joumblatt sera assassiné un peu plus tard, près d'un barrage syrien.

Quelques années après, **Walid Joumblatt** *qui avait succédé à son père, personnage paradoxal et ombrageux, allié indocile des Syriens, se retrouva à Damas assis en face d'Hafez al-Assad pour une négociation compliquée. Hafez al-Assad le laissa parler, puis lui dit, le fixant droit dans les yeux :* « C'est curieux, Walid Bey, quand je te regarde, assis dans ce fauteuil, là, c'est fou ce que tu me fais penser à ton père ; la dernière fois que je l'ai vu, il était assis exactement comme toi, dans ce même fauteuil. » *Hafez al-Assad n'eut pas besoin de lui préciser qu'il avait fait assassiner son père ; Walid Joumblatt avait compris le message.*

*Quand s'achève la présidence d'***Amine Gemayel,** *à l'automne ***1988,*** *le Liban est en piteux état. Les deux tiers du territoire sont occupés par la Syrie et 10 % par Israël au sud. Les milices sévissent un peu partout.* **Nabih Berri,** *un ancien avocat et ancien représentant en voitures, qui bénéficia pendant un certain temps des faveurs françaises, dirige la milice shî'ite et pro-syrienne d'***Amal,** *forte de cinq mille hommes. Les miliciens* **Hezbollah** *pro-iraniens du* **cheikh Fadlallah** *sont implantés à Tripoli, à Baalbeck, à Sidon, à Tyr, et dans la banlieue sud de Beyrouth.* **Walid Joumblatt,** *seigneur du Chouf, imprévisible et fantasque, commande à cinq mille combattants druzes. Il se considère comme le « dernier des Mohicans » et regarde les autres chefs miliciens avec un certain dédain. Enfin subsistent d'importantes poches palestiniennes.*

Le camp chrétien lui-même, en cette fin d'année 1988, est divisé. Le président de la République n'est obéi qu'autour de son palais de Baabda et dans son fief de Bikfaya. Lui échappe totalement la région contrôlée par les **Forces libanaises,** *milice chrétienne pourtant issue dans sa majorité du parti phalangiste, et créée par son frère* **Béchir Gemayel** *: les divergences entre Amine le Président, et les successeurs de son frère Béchir n'ont cessé de grandir. Depuis mars 1985, les miliciens chrétiens emmenés par* **Samir Geagea** *et* **Elie Hobeika** *n'obéissent plus au Président. Aussi, quand après un combat fratricide qui opposa les deux chefs de guerre chrétiens, Elie Hobeika, tombé sous l'influence syrienne, quitta le Liban pour Damas via Paris, Samir Geagea demeura seul patron des Forces libanaises. Il entendait disputer au président Amine Gemayel la conduite des affaires en « pays chrétien ».*

A la fin du mandat d'Amine Gemayel, Syriens et Américains s'accordent pour lui trouver un remplaçant, le député Mikhael Daher. Mais les députés libanais refusent la proposition syro-américaine sans réussir à s'entendre sur un autre nom. Conformément à la Constitution, le Président sortant, Amine Gemayel, désigna le 23 octobre 1988 le général en chef de l'armée libanaise, **Michel Aoun,** *comme Premier ministre chargé de préparer l'élection présidentielle.*

L'ancien Premier ministre **Selim al-Hoss** *(nommé en 1987 chef du gouvernement démissionnaire, pour expédier les affaires courantes), qui se* considère toujours en exercice, et le nouveau s'entendent pour ne pas aggraver la coupure entre l'Ouest, à majorité musulmane, et occupé par la Syrie, et l'Est chrétien. Ils font tant bien que mal fonctionner une administration commune. Mais Michel Aoun, qui veut restaurer les institutions libanaises, manque de moyens. L'État est privé de ses recettes les plus importantes par les milices qui contrôlent les ports « illégaux ». Michel Aoun demande à Selim al-Hoss par téléphone de fermer ces ports où transitent les armes et la drogue. La réponse de Hoss peut être résumée ainsi : « D'accord, mais commence par faire le ménage chez toi. » Très vite, en février 1989, Michel Aoun s'attaque aux Forces libanaises de Samir Geagea. « La milice fut mise au pas par l'armée. Cette dernière prit possession du port de Beyrouth, d'où les Forces libanaises tiraient une part importante de leurs revenus financiers » (*Jo Maïla, in* Études, *mai 1989*). Puis Michel Aoun se retourne vers Selim al-Hoss : « A toi de jouer maintenant ! » Selim al-Hoss ne peut passer à l'action. En effet, à peine a-t-il envisagé de prendre des mesures que Walid Joumblatt et Nabih Berri se plaignent à Damas. Hoss plaide la patience auprès du général Aoun, qui s'insurge : « Tu m'avais donné ton accord. J'ai attaqué les Forces libanaises, et maintenant tu refuses de faire ta part de travail parce que Damas te l'interdit. » Aoun décréta alors la fermeture des ports illégaux sur l'ensemble du territoire libanais et instaura le blocus de tous ces ports.

Un mois plus tard, le 14 mars 1989, le général Aoun déclenchait « la guerre de libération » contre l'occupation syrienne au Liban. Il reçut des encouragements de l'OLP et des armes de l'Irak. Pour la première fois depuis le début de la guerre au Liban, un homme désignait sans détour, à la surprise générale, les responsabilités syriennes dans la ruine de son pays et les faisait entendre au monde entier.

*Le 28 mars 1989, Beyrouth était sous les obus, j'avais rendez-vous avec **Jean-François** et **Frédérique Deniau**. Frédérique s'insurgea contre le silence qui entourait les bombardements syriens : « Je suis écœurée, je vais prendre la nationalité libanaise, je ne vois plus que cela à faire... » Je trouvais cette idée excellente : « Prenons la nationalité libanaise, et lançons un appel sur le thème : **nous sommes tous des Libanais !** » Jean-François Deniau, qui s'apprêtait à partir pour Beyrouth, approuva : « C'est bien si vous êtes au moins vingt ! » Le mardi 4 avril, nous étions plus de deux mille devant l'ambassade du Liban à Paris. Parmi cette foule de postulants à la nationalité libanaise : l'abbé Pierre, Françoise Giroud, Christine Clerc, Marina Vlady, Guy Béart, Claude Mauriac, Bernard-Henri Lévy, Alain Finkielkraut, Jean Daniel, Marek Halter, Roger Stéphane, Jean Amadou, Jacques Perrin, Alain Touraine, Olivier Rolin, Christian Jambet...*

La personnalité du général Aoun impressionna à l'époque plusieurs chefs d'État membres de la Ligue arabe. L'Arabie Saoudite décida alors de parrainer, sous les auspices de la Ligue arabe, une réunion de députés libanais pour mettre fin à la crise syro-libanaise.

La réunion de **Taef**, longuement préparée, commença **le 30 septembre 1989**. La « guerre de libération » débouchait sur une négociation qui aurait pu aboutir à une remise en question de la politique syrienne. Mais Hafez al-Assad, naturellement, refusa tout texte qui le mît directement en cause. Ce n'était pas une surprise. Plus étonnante en revanche fut l'attitude des Forces libanaises, qui poussèrent les députés du camp chrétien à accepter un accord vague et dangereux.

L'organisation de la résistance chrétienne subissait alors une inquiétante dérive. La gestion musclée de ses intérêts particuliers, économiques et politiques, l'emportait désormais sur les impératifs de sauvegarde collectifs qui avaient longtemps présidé à ses destinées. Samir Geagea, un ancien étudiant en médecine originaire de la région de Bcharré, au nord du Liban, avait accéléré, face à Aoun, la transformation de son organisation. Au cours de l'été 1989, il joua un rôle fondamental, et peu connu, dans les préparatifs de Taef, dont il attendait, comme les Syriens, la mise hors jeu du général Aoun.

Les députés chrétiens, à la surprise d'un certain nombre de leurs collègues musulmans, signèrent **le 22 octobre 89** cet accord dit de Taef. Le document de Taef acceptait le principe de réformes politiques. Il « titularisait l'hégémonie syrienne sur le

Liban » (*Jo Maïla, in* Cahiers de l'Orient n°s 16-17) *au prix d'une promesse syrienne, sans précision de date, de mettre fin un jour à l'occupation du Liban.*

Une lame de fond traversa le pays chrétien. Les Libanais se rassemblèrent autour de Michel Aoun pour refuser l'accord de Taef. Des manifestations très importantes se déroulèrent pendant tout l'automne, pour protester contre cet accord signé par des députés qui ne s'étaient pas soumis au suffrage universel, pour cause de guerre, depuis presque vingt ans.

Ces protestations n'empêchèrent pas les députés réunis sur la base militaire de Qlaia't d'élire **René Moawad** *à la présidence de la République. Le général Aoun déclara cette élection anticonstitutionnelle. Le 22 novembre, le nouveau président fut tué dans un attentat par une voiture piégée. Le surlendemain, sur la base de Chtaura, sous protection syrienne, les députés désignèrent un nouveau président,* **Elias Hraoui.** *Radio-Damas diffusa la nouvelle avant même que le vote soit terminé. Le nouveau président chargea* **Selim al-Hoss** *de former un gouvernement. Selim al-Hoss démit le général Aoun de ses fonctions de général en chef et nomma à sa place le général* **Émile Lahoud.**

Le 29 novembre 1989, d'importants mouvements de troupes syriennes furent signalés sur les hauteurs de Beyrouth. Les Libanais se mobilisèrent en masse autour du palais présidentiel de Baabda, rebaptisé « maison du peuple » et symbole de leur liberté menacée. C'est dans ce palais que Michel Aoun avait établi son « gouvernement ». Le lendemain, une forte délégation de députés français de l'opposition, emmenée par Jean-François Deniau, François Léotard et Philippe de Villiers, ainsi que quelques personnalités de la société civile, atterrit à Beyrouth pour témoigner son soutien au général Aoun.

L'ampleur des manifestations populaires empêche l'application de Taef. Les promoteurs de l'accord décident alors de tout mettre en œuvre pour se débarrasser de Michel Aoun. Samir Geagea, encouragé par l'ambassadeur américain **John Mac Carthy,** *engage les miliciens des Forces libanaises contre les soldats de Michel Aoun. Le territoire du « réduit chrétien » est coupé en deux, et Michel Aoun n'a plus d'accès à la mer. Il perd cette bataille puisqu'il ne la gagne pas. Pourtant tous les observateurs constatent alors, après l'arrêt des combats, que sa popularité est intacte tant du côté chrétien que du côté musulman. Mais la plus haute autorité religieuse du Liban chrétien, sa Béatitude le Patriarche d'Antioche* **Nasrallah Sfeir,** *dont le siège est à Bkerké, condamne la résistance de Michel Aoun. Les ambassadeurs étrangers présentent leurs lettres de créance au « Président »* **Hraoui,** *dont la légitimité est à l'évidence inexistante. Le monde entier s'est rangé du côté d'Elias Hraoui, ce député de Zahlé, un homme qui ne dit jamais non à Hafez al-Assad, propriétaire terrien et industriel de l'agro-alimentaire qu'un télégramme secret envoyé au*

Quai d'Orsay, rapportant la conversation d'un souverain de la région, décrit comme un « petit trafiquant de drogue ».

Au mois de septembre 1990, le « Président » Elias Hraoui décide un blocus alimentaire et économique du « réduit d'Aoun ». Nouvelle surprise : la population, après deux ans d'épreuves, serre les rangs autour de son Général. Et pour la première fois, de petites foules musulmanes fraternisent avec les manifestants des régions Est.

*Le samedi 13 octobre 1990, le président syrien Hafez al-Assad, allié depuis le mois d'août des Américains, des Britanniques et des Français dans le conflit du Golfe, lance ses troupes à l'assaut de Baabda. Aoun, tombé aux premières heures de la matinée dans un traquenard à l'ambassade de France, lance un appel au cessez-le-feu. Il est désormais sous la protection de **René Ala**, l'ambassadeur de France, à Beyrouth. L'épisode Aoun est terminé.*

Chateaubriand écrivait : « Il faut mener les Français par les songes. » *Les Libanais ont hérité au fil des siècles d'une part importante de nous-mêmes. Dans l'épreuve depuis plus de quinze ans, ils avaient dans leur majorité, musulmans ou chrétiens, cru aux rêves un peu fous d'un général nommé Michel Aoun. Le Liban n'est pas mort, mais les songes sont loin. La défaite de ces utopies portées à bout de bras par tout un peuple pendant*

deux ans est aussi la nôtre. Les démocraties du monde ont refusé au Liban, comme à la Lituanie, ce qu'elles ont accordé plus tard au Koweït.

Je ne cesse de m'interroger, depuis plusieurs années, sur cette fameuse « politique arabe » de la France. Énamourée de Kadhafi, fascinée par Assad, complaisante à l'endroit des « socialistes » algériens, mercantile et amicale avec **Saddam Hussein,** notre diplomatie fut stimulée d'étrange façon à la fois par les intérêts de notre commerce extérieur et ceux, plus suicidaires, d'un tiers-mondisme de bazar. En revanche, les pays arabes francophones et ouvertement hostiles au terrorisme n'eurent pas la grâce de nos faveurs. L'**Égypte,** dans les faits, fut abandonnée. La **Tunisie** eut droit à notre indifférence. Le **Maroc** supporta plus d'une fois nos remontrances et nos leçons de morale. Le **Liban** fut livré à Assad. Il y a dans tout cela beaucoup d'incohérence et bien peu de principes.

J'ai écrit ce livre pour témoigner de la vitalité et de la pureté des songes libanais. Beaucoup d'entre nous ont refusé de voir et de comprendre ce qui s'est passé à Beyrouth pendant les années 1989 et 1990. Chacun s'est dépêché d'oublier. Les pèlerins de Baabda ont pourtant existé. Au jour où je rédige ces lignes, le dimanche 20 janvier 1991, ils continuent d'écrire leur affection et leur estime au général Aoun retenu à l'ambassade de France. Le général reçoit un important courrier. Toutes ses journées se ressemblent. Il prend connaissance des lettres, lit la presse, apprend l'espagnol, et herborise dans les jardins de la chancellerie.

Chapitre I

LE SACRIFICE

« La communion est quelquefois
aussi forte que la mort. »

Malraux, *Lazare.*

Du lundi 8 jusqu'au dimanche 14 octobre 1990. — Où l'on voit les populations chrétiennes et musulmanes fraterniser de part et d'autre de la ligne de front dans la banlieue-sud de Beyrouth, les paroissiens de Baabda se mobiliser en pleine nuit pour défendre leur idéal et les Syriens prendre brutalement possession du Liban. — La première partie de ce chapitre, J'ai vu de mes yeux vu, *est une chronique minutieuse des derniers jours du Liban libre ; la deuxième partie,* La reddition, *reconstitue à partir de témoignages dignes de foi, jusqu'alors inédits, la chute d'Aoun et son premier dimanche de prisonnier à l'ambassade de France.*

J'ai vu, de mes yeux vu

J'ai vu, de mes yeux vu, dans la nuit du 9 octobre 1990, sur un méchant terrain de football entouré d'immeubles, de ruines, de remblais, de trous et de tumulus — mais Beyrouth n'est plus que cela —, un chaos, une terre raclée jusqu'au noyau par la rugire des obus, un anarchique tombeau où de fiers écorchés disputent chaque jour leur chaise à la mort — j'ai vu, donc, dans cette nuit épaisse et chaude d'automne, aussi belle que les plus belles de nos nuits d'été, des ombres se rassembler sur cette esplanade de sables et de cendres. C'était à Aïn-Remmaneh, pendant le rosaire, la télévision diffusait *Dynasty*, avec des sous-titres en arabe, un Christ en bois pendait entre les poteaux du gardien de but, le ciel était immense et je me répétais la phrase de Kant qu'un astronome m'avait confiée avant mon départ, « la loi morale dans nos cœurs et le ciel étoilé au-dessus de nos têtes ». Des grillons grinçaient dans les herbes, les ronflements des générateurs résonnaient dans les halls des immeubles, et des parfums de fleurs blanches macéraient dans un air immobile. L'écho d'une mitraillade rebondissait parfois contre le fronton de lointaines collines. Une salve ou deux, irréelles, assourdies, des babioles, rien pour ainsi dire. C'était donc une vraie nuit d'Orient, une nuit suave, parfumée, tiède, avec la neige des étoiles au-dessus de nos têtes, qui humanisait la misère et renvoyait le blocus et les assiégeurs du Liban au diable vauvert. C'était à Beyrouth une nuit ordinaire, à ceci près. Les ombres rassemblées, qui formaient un cercle parfait, s'agenouillèrent. On alluma quelques bougies. Les flammes dévoilèrent des visages. Les garçons portaient des chemises blanches aux manches retroussées. Les cheveux des filles retombaient en boucles sur leurs épaules. Les cœurs cognaient. Ils priaient. Leurs suppliques, hurlées dans les profondeurs des poitrines venaient mourir dans un murmure sur le velours des lèvres. Le lent marmonnement des bouches faisait trembler la nuit.

Le même soir, à Hadeth, en plein milieu d'un carrefour, les phares de ma voiture accrochaient une foule précaire, abîmée devant une icône dans la poussière du bitume. Je m'arrêtai. Là aussi le bourdon des récitants résonnait dans la nuit, pendant qu'un étudiant faisait glisser un encensoir sur ses chaînes. Plus loin, plus tard encore, aux premières heures du matin, sur le parvis de l'église Saint-Élie, je rencontrerai des patriotes occupés au grand labeur de la prière. Notre-Dame du Liban était-elle donc invoquée à tous les coins de rue ? Oui, sans doute. J'interrogeais quelques armoires à glace. « Croyez-vous ainsi libérer votre pays ? » Ils me firent remarquer qu'ils savaient porter les armes et n'avaient pas peur du combat. » « Mais le monde nous a abandonnés. Nous n'avons plus que Dieu ! Nous vaincrons nos ennemis, syriens et milices, nous les vaincrons par la foi et par la paix. Nous sommes le Peuple, et le Peuple est l'Église. Nous témoignerons de la vérité d'un peuple ! » Des familles entières étaient là, blotties contre les murs de l'église. L'aurore déposait déjà des gouttes de rosée sur les joues des enfants endormis. Personne n'avait peur de rien.

J'ai vu les jours suivants, à Kfharshima, à Chiyah, sur l'ancienne route de Saïda, un peuple vaillant au milieu du désastre, joyeux dans le malheur, un peuple courageux, un peuple qui s'obstinait à voter encore une fois avec ses pieds puisqu'on continuait à le priver d'urnes et de bulletins de vote. Des calmes cortèges serpentaient sur de vieux chemins vers la banlieue sud de Beyrouth. Des dizaines de milliers de Libanais pèlerinaient dans les no man's land, entre les lignes de démarcation. Des femmes en tête des colonnes agitaient des rameaux d'olivier, des palmes, de fraternelles banderoles. Les hommes serraient de toutes leurs forces la hampe de leurs drapeaux, leur seul trésor. Chaque jour, ce peuple affamé par le blocus, humilié par son « Président » Elias Hraoui, après quinze ans de guerre, obligé de s'armer de patience, et de piétiner pendant des heures au Passage du musée pour acheter des tomates ou des pommes de terre, ce peuple coupé du monde, condamné à vivre sans essence, sans électricité, sans médicaments, sans voiture, sans téléphone, ce peuple rayonnant que nos démocraties riches, capricieuses, satisfaites, gâteuses, toujours craintives, refusaient de voir ou feignaient d'ignorer, ce peuple obstiné jetait dans l'air chaud de l'automne des cris et des chants. Il réclamait sur des airs de comptine des élections libres. Les peuples parés de foi et d'espérance ne sortent jamais de l'enfance. Je jure que des femmes se sont agenouillées devant moi pour m'implorer :

« Monsieur le Français, pourquoi vos journaux et vos gouvernants ne parlent-ils jamais de nous ? Pourquoi parlent-ils de querelles entre chrétiens alors qu'il s'agit d'une guerre entre des patriotes et des collaborateurs ? Pourquoi, quand les salopards des Forces libanaises ont tiré sur nous au canon de char, pourquoi n'avez-vous pas entendu les cris de nos enfants mourants ? Pourquoi ? » Je n'ai pas osé leur répondre. Chaque jour, ces bannières, ces chants venaient s'échouer contre les lignes de démarcation. De l'autre côté, malgré les mines, les barbelés, le cordon sanitaire de la milice hezbollah — barbe au menton et fusil d'assaut sur le ventre —, malgré les yeux des espions syriens tapis avec leur vidéo dans l'ombre des destructions, malgré tout, de pauvres gens, des musulmans, femmes en tchador, pères tenant haut leurs enfants dans leurs bras, se rassemblaient pour répondre à leur appel. De souffrir et d'être muselés, ils en avaient assez. J'ai vu un homme se frayer un chemin dans des gravats, escalader d'un pas de chasseur des marches branlantes, se hisser sur une terrasse. Les deux pieds campés sur ce promontoire, il se redressa de toute sa hauteur, puis avec les gestes lents de celui qui est gouverné par l'orgueil et par la raison, il sortit d'un sac une colombe et brandit l'oiseau au bout de son poing levé. Cette statue couronnée par un battement d'ailes domina la foule pendant plus de deux heures.

Deux femmes dansaient. L'une, sur un remblai de gravats, portait un tchador blanc et une longue robe violette. L'autre, une fausse blonde de Beyrouth-Est, en jeans, avec un corsage ouvert et une croix d'or qui lui battait les seins, dessinait des arabesques avec ses hanches à moins de dix mètres du cordon hezbollah. C'est alors que des enfants s'approchèrent des miliciens avec des fleurs. Ils traversèrent ce qu'il restait du no man's land. La foule retint son souffle. Les miliciens n'eurent que le temps de se regarder et d'accepter les bouquets avec un sourire gêné. Leur chef lança un ordre bref. Les bouquets disparurent. Il était trop tard. Les manifestants avaient déjà applaudi et hurlé leur joie. Sans doute était-ce bien peu de chose. Il y avait du mauvais music-hall dans les déhanchements de ces Schéhérazades de banlieue, et une bonne dose de mièvrerie dans ces épanchements. Mais ces émotions déclinées sur tous les tons de la rue célébraient les retrouvailles des tribus du Liban. Ces you-you, ces danses, ces pleurs et ces rires étaient ceux d'un rituel de noces.

Tous chantaient d'un même souffle l'hymne libanais, ils s'envoyaient des baisers, ils applaudissaient le nom du général Aoun, et c'était le Liban tout entier qui vivait. Non pas le Liban de la « légalité », pas le Liban des Samir Geagea et autres Nabih Berri, non, le Liban libre et honnête d'un peuple qui savourait en cette fin de jour des promesses de paix, de souveraineté et de loi égale pour tous.

Les adieux s'éternisèrent. Ces gens ne pouvaient plus se quitter. Ils criaient « Bye bye ! », « Bye bye », « A bientôt ». Des bras se tendaient qui n'avaient pu se toucher. Mais c'était une même chair que le soir séparait. Je me souviens d'un chî'ite d'une trentaine d'années. Il s'était avancé autant qu'il avait pu sur une des terrasses fabriquées par les bombes au premier étage d'un immeuble. Maigre, un pantalon noir et trop large autour des hanches, il serrait son fils contre lui, il ne parlait pas, il ne bougeait pas, il regardait fixement le cortège qui commençait, à regret, de s'éloigner. Des miliciens hezbollah lui demandèrent de partir. Il n'obéit pas. Sans doute ne les entendait-il même pas. Il fallut qu'ils lui mettent quelques bourrades de M 16 dans les côtes pour qu'il obtempère. Il quitta la terrasse à reculons, très lentement, sous les coups. Il aurait pu se faire massacrer sur place. Un champ de mines nous séparait de lui. Cet homme, qui faisait face à la grande indifférence du monde, avait le visage de la fraternité.

Le crépuscule était en ces lieux l'heure des francs-tireurs. Toujours une menace. Il fallut donc en finir. Le petit peuple chrétien s'en retourna chez lui. Je le suivis jusqu'au bout du chemin. Il galopait. Simple, cérémonieux, tranquille comme Baptiste, il courait porter la bonne nouvelle : « " Ils " étaient venus au rendez-vous, enfin ! " Ils " avaient bravé le Syrien ! » Des murs tombaient. Beyrouth se prenait pour Berlin.

J'ai vu le jeudi 11 octobre, à 13 h 55, un Hawker Hunter survoler Baabda en rase-mottes. Une menace surgissait du ciel. L'avion alla virer sur la mer et repassa très haut au-dessus de nos têtes. Les servants des batteries de Baabda déclenchèrent le feu. En vain. Les DCA de la montagne firent écho à ces salves. Cet Hawker incongru était un présage. Personne ne l'a su. Je n'ai pas imaginé, à ce moment précis, que cet avion, si vite, en appellerait d'autres.

J'ai vu Michel Aoun quelques instants plus tard. Je déjeune avec lui chaque jour, depuis mon arrivée dans le bunker. Les gardes, les amis, les visiteurs vont et viennent. Chacun s'est habitué à vivre dans ces pièces closes, en sous-sol.

Aoun est calme. La fatigue s'est effacée de son visage. Il redoutait le blocus, mais ses conséquences sont à rebours de celles qu'en attendait le tandem Hraoui-Hoss :

« La solidarité libanaise joue à fond. Et pour la première fois, depuis que l'armée syrienne occupe Beyrouth-Ouest, les musulmans s'expriment. Politiquement, c'est une bénédiction ! »

Il rit. Un aide de camp alimente un instant sa bonne humeur en lui racontant les histoires qui circulent dans Beyrouth. On y raille les Syriens, bernés par des ânes sans maître qui circulent dans la montagne, d'un village à l'autre, avec des bâts de jerricans et de vivres, entre deux rondes. Aoun m'interroge :

« Qu'en dit-on à Paris ?

— La presse n'en parle pas.

— La vérité est pourtant là, sur le terrain, avec toutes ses nuances. »

Claudine, sa fille cadette, traverse la pièce les cheveux dégoulinants d'eau et une serviette-éponge sur la tête. Le téléphone sonne. Un aide de camp décroche. Aoun réfléchit. Il est seul, seul au milieu de cette agitation domestique. Il se tait et déchiffre des questions dans mon propre silence :

« Notre pays était un contentieux plein de sang. J'ai pacifié le peuple libanais. Je veux maintenant en faire un peuple uni.

— Mais peut-on gagner la guerre avec la paix ?

— Nous sommes militairement faibles. Ce n'était pas une raison pour ne rien faire. Nous avons livré, et gagné, une première bataille contre nos propres démons. Il fallait en passer par là. Nous commençons seulement à être nous-mêmes. Le sacrifice n'est jamais vain. Les musulmans parlent après des années de silence. Qui aurait osé parler d'élections libres dans ce pays il y a un an ? Maintenant cette idée est vivante dans tous les esprits.

— Vous y croyez ?

— Non. Pas tout de suite, en tout cas. On ne nous laissera pas voter librement. Les nations du monde se réjouissent de la liberté retrouvée à Prague et à Berlin, mais nous tiennent à l'écart de cette liesse. L'important est que les Libanais se mettent à y croire. Nous sommes indépendants depuis le 23 décembre 1943. Cette journée d'hiver ne fut pour moi qu'un prétexte à des manifestations folkloriques. On fit exploser quelques bâtons de dynamite dans les rues et puis c'est tout. Nous étions supposés être libres, et que faisions-nous de cette liberté ? De grands bruits dans le soir. Personne ne prenait au sérieux cette indépendance, qui indiquait simplement que le rapport des forces, à l'intérieur du camp allié, avait changé. Les Anglais prenaient le pas sur les Français. Mais les Libanais restaient spectateurs de leur propre histoire. Nous avons vite perdu, dans les faits, cette liberté qui ne nous avait rien coûté.

— Vous voulez dire qu'un pays ne se construit pas sur un cadeau de l'étranger ?

— Chaque peuple a une façon unique de se présenter devant l'Histoire. Notre insouciance a peut-être compté dans cette façon de prendre à la légère, et dans les pétarades, ce cadeau immérité. Les peuples sérieux s'évitent beaucoup de mauvaises surprises dans leur vie nationale. Nous formons un peuple doué pour le bonheur. Mais les Israéliens, les Syriens et les Palestiniens n'ont cessé de violer nos frontières et nos lois depuis quinze ans.

— L'occupation française avait pourtant pesé sur le Liban ?

— Elle n'avait pas été un fardeau. Personne n'avait donc secoué le " joug " français. Le Protectorat avait succédé à la domination ottomane. Jamal Pacha avait pendu un grand nombre de Libanais en place publique. La France, au contraire, bien qu'ayant assis son autorité sur la force de son armée, avait fait œuvre de civilisation. Elle nous avait apporté le sens de l'État, une administration, des services publics, une culture. Les meilleurs des Libanais s'étaient mis à son école. Pour eux, qui travaillaient déjà à la construction du pays, le Haut Commissariat français était une sorte de luxe, qui froissait à peine notre fierté nationale.

— Il y avait pourtant des Libanais pour croire à l'indépendance ?

— La question de l'indépendance nous

divisa. D'un côté s'étaient regroupés ceux qui pensaient que nous n'étions pas mûrs pour avancer seuls sur la scène internationale, et de l'autre les tenants d'une autonomie totale. Les Anglais se firent les promoteurs zélés de l'indépendance. Ils travaillèrent à la division du pays. J'ai moi-même défilé, quand j'avais huit ans, avec une pancarte autour du cou, rédigée en petit nègre pour railler le français incertain des troupes sénégalaises : " Moi civiliser vous ! " La liberté, ce don précoce qui nous fut fait, n'améliora pas notre vie. Au contraire, 1943 marque le début de notre déclin. La corruption gangréna la société. L'État s'affaiblit. Aujourd'hui les temps ont changé. Après tant de déboires, d'humiliations, de souffrances, nous sommes enfin concernés par notre indépendance. »

La porte du bunker s'ouvre. Le colonel Abourizk transmet des consignes à deux de ses hommes. Pierre Rafoul et Roger Hazzam mettent au point le parcours de la manifestation de l'après-midi. Chantal, la dernière fille du Général, se promène avec des romans roses, qu'elle veut troquer contre ceux, plus noirs, des soldats de la garde assis dans le couloir. Le Général s'est enfoncé dans son fauteuil. Il me parle du redémarrage futur de l'économie libanaise : « Il nous faudra entre cinq et six ans, une remontée progressive serait préférable à de trop brusques flambées... » Le silence s'est creusé tout autour de nous. Il est rare que le Général rêve à voix haute. « Enfin, poursuit-il, nous ne nous battrons pas contre l'argent quand il reviendra... » Rigolade générale. Le brouhaha reprend. Aoun continue : « On me fera endosser les malheurs de mon pays. Peut-être ne verrai-je jamais les fruits de mon action. Mais j'ai la certitude de semer, vous m'entendez, je sème. La moisson se fera... »

Je lui confie qu'à Paris j'ai plus d'une fois pensé qu'il était fini et lâché par tout le monde. Il balaie ma confession d'un geste du bras : « Mais pourtant vous, vous saviez...

— Je suis un homme de peu de foi.

— Comme Thomas... »

Ce soir-là, Michel Aoun fut averti de l'imminence d'un assaut. Il fit sonner le tocsin pour mobiliser les paroissiens de Baabda.

J'ai vu, dans la nuit du jeudi au vendredi 12 octobre 1990, veille du jour maudit où le Liban est devenu une province syrienne, un peuple tiré de son lit par le tocsin. C'était une vraie nuit, dans une ville sans lumière, avec un ciel étoilé et quelques nuages blancs de lune. Les cloches des églises sonnaient à toute volée. Elles prévenaient Beyrouth du mouvement des troupes syriennes. J'ai vu l'armée des sans-culottes du Liban se mettre en route. Des soldats mal fagotés couraient vers leur cantonnement. Ils étaient à peine réveillés, ils se frottaient les yeux, ils trébuchaient dans l'ombre. Des régiments de citoyens-pèlerins se formaient aux carrefours. Civils sans armes, aux yeux las, enveloppés seulement de ténèbres et de songes. Quelques rares voitures klaxonnaient, Ti-Ti-Ti ! Gé-né-ral !, en croisant ces bandes disparates, où marchaient d'un même pas des pauvresses en robe du dimanche, des adolescents à la gaieté factice et des hommes au pantalon tirebouchonné. Ces somnambules fédéraient en chemin leurs angoisses, leurs indignations, leurs volontés. Ils allaient sans haine et sans fanatisme, non sans révolte. Ils continuaient, comme depuis des mois, de commenter les événements dont ils étaient les victimes. Ils désignaient des responsables. Monseigneur Sfeir, Elias Hraoui et les Américains en prenaient pour leur grade. Ils ne cessaient de s'interpeller : « Pourquoi les démocraties nous refusent-elles les libertés fondamentales ? Sommes-nous un peuple indigne ? Que fait Mitterrand ? Et la France de 89 ? » A ces pestiférés du droit, il ne restait que la fraternité. Certains chantaient pour se donner du cœur au ventre. Ils se prenaient pour des anges et pensaient que leur innocence veillerait sur Baabda, sur leur Général et sur leur pays tout entier. Les plus lucides de ces agneaux savaient qu'ils allaient à la mort.

J'ai vu dans le mitan de cette même nuit un homme de principe parler aux caméras des télévisions sur les marches du palais de Baabda. Les projecteurs dévoraient ses cheveux clairs et son sourire. Car il souriait. Le col de sa chemise dégrafé, il parlait de résister. Ce sage, doué d'un grand charme, à la sérénité contagieuse, était un des seigneurs du Liban. Modéré par nature — il avait, en septembre 1988, accepté, en vain, de former un gouvernement avec Selim al-Hoss pour éviter une crise constitutionnelle, cet héritier avait été le seul de son espèce et de son rang à mêler son élégante silhouette au piétinement du peuple qui réclamait ses droits. Libanais des Lumières, Dany Chamoun avait rallié cette jacquerie morale et moderne. Il avait jeté dans la bataille tout ce qu'il possédait, sa dignité, sa pondération, son nom. Et quand le tocsin avait sonné, encore une fois, avec son ami Gebran Tueni, il avait repris la route de Baabda. Après le départ de la télévision, nous restâmes quelques instants à parler tous les trois. Des cloches, au loin, carillonnaient encore. Les pas de la multitude sur la chaussée de Baabda froissaient le silence de la nuit. Un lieutenant traversa la cour en toute hâte. Quand il nous aperçut, il cria dans notre direction :

« Les forces spéciales syriennes prennent position tout autour. Les chars n'arrêtent pas de monter ! »

Et puis il y eut des chants, des bruits de micro, des cris. Les sans-culottes de Beyrouth voulaient clamer leur arrivée. Nous les écoutâmes prendre possession des collines avoisinantes. Certains déjà plantaient des tentes. Ils retrouvaient leurs habitudes de décembre. Chamoun me dit alors :

« Quel peuple magnifique. Il me fait penser aux premiers chrétiens qui, sous Néron, s'offraient aux lions ! »

Une sentinelle sortit de l'ombre pour me tirer par le bras :

« J'ai combattu aux côtés de M. Chamoun, autrefois. Je peux vous dire que c'était un vrai chef de guerre. Un valeureux ! Il fallait le voir nous mener au combat... »

Chamoun remercia le soldat d'un sourire, puis ébaucha un geste, comme s'il tournait une page :

« L'époque des milices est révolue, mais nous aurons besoin de plus de courage encore... »

La présence de Dany Chamoun dans les ruines du palais de Baabda n'était pas raisonnable (ne l'était pas non plus celle de Joyce Gemayel, la femme d'Amine, que je rencontrai dans le couloir du bunker le lendemain matin). Chamoun aurait pu rester tranquillement dans son lit. Personne n'y aurait trouvé à redire. Mais Chamoun s'était hâté dans la nuit. Ce n'était pas une question de courage, ou de raisonnement, encore moins une question de volonté. Les flamboyants n'obéissent qu'au grand tremblement de la conscience. Elle s'adresse directement à leur chair. Leur conduite est dictée. Ils n'ont qu'à s'exécuter. La voix de Chamoun, retransmise sur des radios libanaises, était à l'évidence celle d'une conscience chatouilleuse. Elle parlait d'absolu. Elle troubla le sommeil de la canaillerie qui s'est vite débrouillée pour la faire taire. Assez ! Ça suffit ! La ferme ! L'opération fut menée, *allegro vivace,* quelques jours après la chute d'Aoun. Un commando franchit son seuil désarmé. Ce fut un carnage. Les tueurs travaillèrent au silencieux.

Je n'oublierai pas le sourire de Dany Chamoun. Je n'oublierai pas non plus le visage de sa fille aînée, Tracy Chamoun, entrevue quelques semaines plus tard dans une église de la rue d'Ulm à Paris. Jeune Antigone blonde, aux joues blêmes et aux lèvres violettes, les hanches serrées dans une jupe de cuir noir, elle s'adressa à la petite assemblée qui honorait la mémoire de son père. Elle articulait chaque mot d'une voix forte, reprenant son souffle entre chaque phrase. Pas une larme ne coula le long de ses pommettes exsangues. Elle cria : « Mon père a été assassiné parce qu'il refusait de se taire... » Puis elle se tourna vers l'évêque maronite qui présidait la cérémonie et le pria de réciter le Notre-Père. Il parut surpris de cette demande intimée sur un ton qui ne souffrait pas de réplique. Mais elle était une reine, et nous étions des nains. L'évêque s'approcha et commença à réciter : « Notre Père, qui êtes aux Cieux... » Il tremblait, comme nous tous. Tracy Chamoun joignit sa voix à la sienne. Nous n'entendions qu'elle. La force de cette jeune fille me sembla une énigme. Elle tenait sa peine en bride d'une main de fer. Elle ne parlait pas de vengeance, mais d'immortalité et d'absolu. Sa pâleur insigne me fit penser qu'elle avait regardé la mort et en avait triomphé. Je la revis le lendemain, elle était effondrée.

Je ne sais plus à quelle heure Chamoun a quitté Baabda. J'ai hélé une patrouille et suis parti avec elle. Je voulais replonger dans la nuit de Beyrouth. En rentrant au palais, vers 5 h 30, un officier m'a dit : « Il faut encore attendre une heure ou deux et nous serons fixés. Je crois que c'est une fausse alerte... » La fatigue commençait à tirer les traits des visages mais le masque de l'angoisse avait disparu. J'appelai Paris par le satellite, puis décidai d'aller dormir une heure. Quand je me levai vendredi matin, je découvris un ciel tendu de bleu. C'était une belle journée d'octobre. Seules les figures chiffonnées rappelaient que ce calme succédait à une nuit blanche. Les employés de mon hôtel, effondrés au bureau de la réception, dormaient la tête entre leurs bras. Dehors tout était tranquille. Le soleil appelait à l'insouciance et réchauffait des parfums de fleurs mauves. La vie repartait. Beyrouth se réveilla avec l'impression d'avoir fait un cauchemar.

La reddition

On connaît la suite. L'après-midi du vendredi, quelques centaines de prêtres et de religieuses, conduits par douze pères jésuites, sont arrivés à pied à Baabda en chantant des psaumes : « Je n'ai peur de rien, le Seigneur est ma lumière et ma vie, je n'ai peur de rien. » La foule criait : « Voici l'Église qui vient mourir avec nous ! Nous sommes l'Église ! Honte au Patriarche d'Antioche et de tout l'Orient ! Qu'il s'en aille, qu'il parte pour Damas réchauffer son corps sénile contre le sein de son ami Hafez al-Assad ! »

Un peu plus tard, un homme porteur d'un passeport australien sortit une arme de sa poche et tira dans la direction du général Aoun. Un soldat placé en protection sur un toit fut touché par une balle et s'effondra. La foule prit peur. Aoun fut plaqué face contre terre par les soldats qui l'entouraient. Mais l'homme qui avait tiré était déjà désarmé par les manifestants. Deux de ses amis étaient arrêtés en même temps que lui. Le commando appartenait au parti Baas prosyrien. Pendant tout ce temps, les canons des Forces libanaises grondaient de façon inquiétante vers Senn el Fil.

La fin de la journée fut plus calme, même si tous les renseignements confirmaient la présence de 40 000 Syriens prêts à monter à l'assaut. Mais Israéliens et Américains avaient continué leur travail de traîtrise. Le coordinateur des opérations israéliennes au Liban, Uri Lubrani, affirmait que son pays était opposé à une intervention militaire contre le général Aoun. A la même heure, Mark Dillen, porte-parole du

Département d'État affirmait : « Nous ne donnons certainement pas le feu vert (à la Syrie) pour nettoyer le réduit chrétien. » Ponce Pilate se lavait les mains.

La foule de Baabda commença à respirer. Depuis la veille au soir, elle craignait de vivre son Vendredi saint. Immobile, tendue et grave, elle avait supporté les émotions de la journée sans se plaindre. Les lourdes canonnades des Forces libanaises s'étaient pendant un temps rapprochées. Les mères avaient mis leurs enfants à l'abri. Mais le canon s'était tu, Aoun était sauf et les dépêches n'étaient plus aussi menaçantes. Aoun revint vers ses partisans pour leur dire : « Rentrez chez vous dans la paix. »

Au palais l'angoisse reculait d'autant que les déclarations israéliennes semblaient le fruit d'une négociation entamée la nuit précédente. Michel Aoun avait écrit à madame Thatcher, à Jean-Paul II, à Bush, à Gorbatchev, à Mitterrand. Il s'était aussi résolu, en dépit de ce qu'il savait de la politique d'Israël, qui n'avait eu de cesse de manœuvrer contre lui, à se tourner vers lui. Dany Chamoun avait été chargé d'organiser le contact. Une liaison avait été établie dans la nuit de jeudi à vendredi par l'intermédiaire de Camille Moukarzel. De hauts responsables de Tsahal furent contactés par Moukarzel. Il appela une douzaine de correspondants civils en Israël, en présence de Dany Chamoun et d'un autre dirigeant du Nouveau

Front libanais, Walid Pharès, puis laissa un message pour Uri Lubrani à l'ambassade d'Israël à Chypre : « Vous informons d'une invasion syrienne dans les heures qui suivent. Syriens supérieurs en nombre et en armement. Aviation probablement utilisée. Help ! Help ! Help ! » La réponse d'Israël tomba dans les premières heures du jour : « Étudions l'affaire au plus haut niveau. Nous allons faire passer deux mises en garde aux Syriens. Le premier message sera un communiqué de Lubrani. Pour le second, nous enverrons des avions survoler Beyrouth aujourd'hui vendredi à 12 h 30. »

Israël tint parole. Lubrani avait parlé. Sa déclaration avait même été estampillée par un communiqué américain. Et tous les Beyrouthins purent voir les traînées blanches des chasseurs de Tsahal dans leur ciel de midi. René Ala, l'ambassadeur de France gardait encore un peu d'espoir et affirmait qu'une solution politique restait possible.

Beyrouth s'était endormie plus d'un soir tordue par la peur. Mais le jour avait toujours succédé à la nuit. Combien de matins déjà avaient la clarté d'un miracle ? Les Libanais croyaient avoir apprivoisé, pour toujours, la Providence. C'est à peine s'ils s'extasiaient encore des prodiges qui s'assemblaient pour les maintenir vivants et libres. Peut-être pensaient-ils, après tant de souffrances, que ces prodiges leur étaient dus. Ainsi s'obstinaient-ils, cette semaine-là à ne pas faire grand cas, une fois l'alerte passée, des signes funestes qui s'accumulaient. Des indiscrétions pourtant étaient venues en renfort des faits eux-mêmes. L'ambassadeur de Grande-Bretagne avait prévenu Joyce Gemayel : « Pour moi, la page est déjà tournée. Il n'y a plus rien à faire. »

Michel Aoun fut averti en début de soirée qu'on l'avait sans doute roulé avec de bonnes paroles. Le chef du Deuxième bureau libanais l'informa en effet que l'opération si souvent redoutée était vraiment pour le lendemain. Il agitait la liste des officiers syriens requis pour l'assaut et ajouta *in fine* que l'aviation serait de la partie. Ses propos tombèrent à plat. Dany Chamoun lui répondit :

« Tu sais bien que nous avons eu des assurances ! »

La voix du général Achar gronda alors dans la chambre du bunker où l'état-major d'Aoun était rassemblé :

« Je suis un militaire. je vous affirme que l'armée syrienne s'est disposée pour le combat, et non pour la défense ! »

Michel Aoun ne put dissimuler sa contrariété. Il s'employa à rassurer le général et affirma à Farouk Abillama [1] :

« Nous avons gagné huit jours. »

Le lendemain matin, samedi 13 octobre 1990,

1. L'émir Farouk Abillama, ancien ambassadeur du Liban à Paris, était alors secrétaire général du ministère des Affaires étrangères.

à six heures, les troupes du général « légaliste », Émile Lahoud sont sur le pied de guerre. Mais Lahoud s'inquiète pourtant de ne pas entendre les puissants réacteurs des chasseurs-bombardiers syriens résonner dans l'aube libanaise. Il s'enquiert, auprès du « Président » Hraoui de ce retard. Les deux hommes s'énervent. Tant de fois, déjà, tout près du but, des contrordres de Damas les ont décommandés à la dernière minute. Ils regardent leurs montres, mais n'osent appeler les Syriens. Leur anxiété ne cesse de grandir. Ils arpentent leur bureau, parlant haut, touchés par le soupçon d'un nouvel échec. Hraoui et Lahoud sont en fait victimes d'un infime détail. Leur maître de Damas les avait convoqués à six heures. Et ils ont oublié qu'une heure de décalage horaire sépare Damas de Beyrouth. Je doute que ce quiproquo les ait aidés à prendre la mesure de leurs actes : Beyrouth vivait désormais à l'heure syrienne. A sept heures tapantes donc, *local time,* l'armée syrienne s'ébranlait et les chasseurs-bombardiers Sukhoï déboulaient de l'horizon. A dix mille pieds, des chasseurs israéliens ne perdaient rien du spectacle. Beyrouth, avec deux épaisseurs d'avion sur la tête, succombait.

Le raid dura vingt-deux minutes. Les Sukhoï lançaient des leurres thermiques en même temps qu'ils lâchaient leurs bombes sur un couvent antonin, le palais de Baabda et le ministère de la Défense à Yarzé. Ils viraient sur la mer et repassaient cracher leur mitraille. Le jour naissant était plein de flammes et d'étincelles. Un épais nuage de plus de deux cents mètres de haut, blanc, beige et gris se forma au-dessus de Baabda. Le ciel s'obscurcit. Toutes les DCA du palais étaient entrées en action. Un Sukhoï partit en torche et s'écrasa dans la vallée du Monteverde entre le Chouf et Beït-Mery. Puis l'armée syrienne se déchaîna. L'épouvante s'était emparée de tous ceux qui avaient passé la nuit sous les pins. Des blessés hurlaient, couchés sur la terre. C'était l'heure du sacrifice.

Le « Président » Elias Hraoui prévint par téléphone qu'il exigeait que Michel Aoun se rende sur-le-champ à l'ambassade de France pour négocier un éventuel cessez-le-feu. Ala appela Baabda et plaida pour un cessez-le-feu. Aoun accepta, sur son insistance, de le rejoindre à la chancellerie, pour le temps de la négociation, en laissant sa famille au palais. Accompagné du colonel Lahoud, de deux capitaines, Aramouni et Pharès, et de deux soldats, il grimpa dans un engin blindé M 113. Le véhicule dévala la côte de Baabda sous les obus. Une demi-heure plus tard, il se présentait à la porte de notre ambassade. Pendant ce temps-là, les Syriens prenaient position autour de Baabda, sans rencontrer beaucoup de résistance. Aoun était piégé. (Notre ambassadeur, furieux de la fable répétée partout de la fuite d'Aoun, et ayant été piégé lui-même, prendra quelques jours plus tard la peine de la démentir par un communiqué à l'Afp : « Il a été suggéré au général Aoun de se rendre à l'ambassade comme une modalité de l'établissement du cessez-le-feu. »)

Pendant ce temps, les combats font rage à Souk el-Gharb, à Dar el Wahch, à Bsouss, à Kfharshima et un peu partout dans la banlieue sud. Ils se prolongeront tard dans la journée. A 9 h 30, Aoun se rend « pour éviter un bain de sang » et demande à son armée de se placer sous les ordres du général Lahoud. A Baabda, de vieux soldats pleurent, d'autres s'insurgent. Certains commandos de la garde présidentielle ont déjà quitté les lieux. Ils s'organisent pour résister dans la solitude. Le colonel Abourizk, un homme calme, fidèle parmi les fidèles, plonge sa tête dans ses mains quand il entend l'appel à la reddition. Il ne sort de son silence que pour répondre au téléphone, dont la sonnerie ne cesse de retentir. Au bout du fil, des officiers. Ils posent tous la même question :

« Qu'est-ce qu'on fait ? » Abourizk répond d'une voix blanche. Une immense tristesse a plombé son visage sans ride :

« Vous allez recevoir vos ordres du commandement du général Lahoud ! »

Le colonel sursaute quand il reconnaît soudain la voix de Lahoud dans l'écouteur :

« Ici général Lahoud. J'arrive tout de suite. Les Syriens ne mettront les pieds ni à Baabda ni à Yarzé. Je vous en donne ma parole. » Lahoud mentait.

Des maisons brûlent. Le vent pousse des nuages de fumée. Des soldats se mettent en hâte en civil. D'autres résistent. L'artillerie syrienne continue son pilonnage. Samir Geagea a donné l'ordre à ses miliciens de braquer leurs canons vers l'ambassade de France. Deux objectifs : Michel Aoun et René Ala, notre ambassadeur au Liban. A Hazmieh, le sol tremble. Une fusée Grad tombe dans un des salons de l'ambassade. Deux gendarmes français sont blessés. La confusion s'étend. Dans Achrafieh, les hommes de Geagea commencent à renâcler. A Baabda, le colonel Abourizk prépare un dispositif de défense et fait sortir une mitrailleuse supplémentaire du dépôt. Mais un soldat prénommé Joseph traverse les gravats en hurlant :

« Les Syriens sont là ! Ils sont là ! »

Des centaines de soldats des Forces spéciales d'Hafez al-Assad progressent vers Baabda par la forêt et par les « immeubles Frangié », avec un armement formidable. A peine les a-t-on signalés qu'ils sont là, insultant le nom du général rebelle. Deux colonnes montent par la chaussée, poussant devant elles des prisonniers.

Les Forces libanaises, ignorant la progression des unités syriennes, continuent de tirer vers Baabda au canon de 130, blessant plusieurs soldats syriens. Il faut que le commandant Riad, un Syrien d'une quarantaine d'années, très calme, localise l'origine des tirs et prenne contact avec les Forces libanaises pour que cesse le pilonnage du palais présidentiel.

Le général syrien Ali Dib n'apparaîtra que quelques heures plus tard. Vainqueur, il traite avec courtoisie (« une courtoisie propre aux tribus arabes », selon l'expression d'un témoin) le colonel vaincu qui commande alors aux troupes de Baabda, Michel Abourizk, d'autant plus que les deux hommes se sont reconnus dès les premières secondes de leur rencontre. Le hasard veut en effet que les deux officiers aient autrefois participé ensemble, jeunes lieutenants, à un stage de ski organisé par l'armée libanaise à l'École des Cèdres, dans le Liban Nord.

Tout de vert vêtu, Ali Dib inclinera un cou épais, rose et très plissé devant la femme du général Aoun. Statue de cire aux yeux cernés, Nadia Aoun, impavide, avait veillé sur sa maison du bunker. Dans l'agitation de la victoire, les Syriens étaient passés plus d'une fois devant la porte qui l'isolait, elle et ses trois filles, sans jamais l'ouvrir. Le général syrien à la réputation de bourreau, donc, s'inclina devant elle, et tint d'étranges propos :

« Je m'excuse d'être ainsi entré chez vous. Vous êtes la Sainte Vierge. Je vous respecte comme si vous étiez ma mère, et vos filles sont plus que mes filles. J'admire beaucoup le Général, ce soldat téméraire, et croyez-moi, j'ai souvent levé mon verre à sa santé. J'aimerais beaucoup le recevoir chez moi, à Damas, et j'irai lui rendre visite à Paris. Quel dommage qu'un homme si courageux nous ait fait la guerre !...

Madame, des camions sont déjà dans la cour. Je vais assurer le déménagement de vos meubles. Emportez tout ce que vous voudrez. Où voulez-vous aller ?

— Je n'ai besoin que de quelques affaires personnelles. J'irai à l'ambassade de France avec mes trois filles.

— Où vous voulez aller, vous irez. »

Deux heures plus tard, Elie Hobeika qui avait assisté à cette scène étrange, souriant et opinant du chef aux compliments inattendus du Syrien, formait un convoi de deux voitures, une BMW et une Range Rover, où s'entassèrent Nadia Aoun avec ses trois filles, escortées par des miliciens d'Hobeika.

Le sac de Baabda peut commencer. Un colonel syrien, Riad Abbas, vide les tiroirs des meubles dans l'appartement de Michel Aoun. Il remplit ses poches. Le sac à main de Nadia Aoun n'échappe pas à sa convoitise. Les Syriens sont animés d'une joie féroce. Ils plantent leur drapeau sur l'édifice, avant de s'attaquer au dépeçage des ruines. Leur fureur éclabousse ce qui fut la caverne d'un songe. Ils arrachent tout, portes ou poignées de portes, téléviseurs, lampes électriques, photocopieurs, fils de rallonge, machines à écrire, bureaux, chaises, fauteuils, armoires de fer, dossiers, livres, lampes, bibliothèques. Le butin est chargé dans les camions d'Ali Dib, qui partent sur-le-champ pour Damas. Elie Hobeika, de son côté, fait sortir sous sa protection le personnel de l'ancienne présidence. Quand la nuit tombe, Baabda est abandonné et désert. Il n'y a plus rien. Des Syriens en goguette, l'arme à la bretelle, veillent sur les ruines de l'ancienne « maison du Peuple ».

Des officiers et des soldats, ici et là, se battent encore. Par espoir, par désespoir, par dignité, par fureur. Ils attendaient les brigades de Lahoud et ce sont partout les Syriens qui s'avancent. Les hommes d'Aoun se cabrent et se harnachent pour le combat. Ces poches de résistance infligent de lourdes pertes à l'ennemi, qui ne fait pas de quartier. Les Libanais prisonniers sont entravés et torturés sur le champ de bataille. Avant de les achever d'une balle dans la tête, les Syriens leur tracent à la baïonnette ou au pistolet une croix sur la poitrine. Au nom du Père, et du Fils, et du Saint-Esprit, Amen. Ces combattants n'avaient sans doute pas lu Malraux, mais ils savaient, comme les Républicains espagnols ou comme les résistants des maquis de Corrèze, que « le sacrifice seul peut regarder dans les yeux la torture et (que) le Dieu du Christ ne serait pas Dieu sans la crucifixion » *(Lazare)*.

La légende s'est déjà emparée de la mort héroïque des soldats de Dhar el Wahch. Les faits pourtant sont exacts. Encerclés, ils ont agité des drapeaux blancs et simulé leur reddition. Quand les officiers syriens se sont approchés d'eux, ils ont été pris sous le feu de ceux qu'ils croyaient déjà tenir. Le nombre des morts syriens aurait été considérable. Il n'y a pas eu de survivants dans les rangs libanais.

A l'ambassade de France, René Ala pleurait et François Mitterrand téléphonait à Michel Aoun. Pour lui dire quoi ?

La botte syrienne foulait la terre libanaise. Elle imprimait sa marque. Le Père Joseph Mouannes et monseigneur Abou Jaoudé ont dressé un constat de ces empreintes sanglantes. En voici des extraits : « Églises, hôpitaux, écoles, usines ont été sauvagement bombardés... Ainsi l'église et les maisons de Dawar ; bilan 5 morts, dont un jeune couple, des femmes, des malades, et 32 blessés. Le village de Dahr As Sawan ravagé, et un Père français tué par un éclat d'obus dans le collège des Pères lazaristes à Bhersaf Bikfaya. Le collège des Sœurs de la Sainte-Famille a été ravagé... L'église de Sakiat-el-Misk a eu les mêmes dégâts. Le tombeau de Pierre et Béchir Gemayel, anciens présidents de la République, fut profané.

« Le collège de la Sainte-Famille à Fanar a été ravagé... Le collège Mar Doumit Roumieh a eu le même sort. Le collège Ain Najem des Sœurs du Sacré-Cœur ravagé par 126 obus de gros calibre... Le monastère Deir el-Kalaat a vu deux moines antonins exécutés. L'un était musicien, l'autre un savant théologien.

« Des soldats qui s'étaient rendus ont été abattus d'une balle dans le front. Le collège de

Notre-Dame du Rosaire a été atteint par plusieurs obus. Le collège des Pères jésuites de Jahmour a été bombardé sauvagement et toutes les classes endommagées... Les Pères ont caché leurs autocars dans l'église de peur que les soldats syriens ne les voient. Mais l'église du collège a été atteinte par plusieurs obus... plusieurs autocars ont brûlé. A l'hôpital de Baabda, l'odeur des cadavres remplit tout le coin. L'imprimerie des Pères jésuites, l'une des plus historiques et des plus prestigieuses de l'Orient, fut saccagée et pillée sous les yeux des Pères. La destruction de cette imprimerie est une grande perte pour toute l'Église de l'Orient arabe. La publication de la dernière Bible en arabe est un trésor pour l'humanité et l'Église d'Orient.

« Dans le village de Bsouss, 14 civils ont été abattus froidement devant leurs portes.

« A Haddath, vols, viols, massacres...

« Le ministère de la Défense à Yarzé a été pillé par les Syriens...

« Des soldats et des officiers ont été déshabillés et contraints à marcher nus ou à ramper, avec leurs chaussures à la bouche...

« Devant ce calvaire, nous proclamons notre foi et affirmons que notre Dieu est vivant. Nous serons toujours les témoins de la chrétienté et de la liberté en Orient... »

Quand la nuit d'Orient s'étala sur ce cauchemar, le « Président » Hraoui téléphona à Hafez al-Assad :

Hraoui : « Frère Président, je vous remercie pour tout ce que vous avez fait, pour le Liban, et pour l'unité de l'armée. »

Assad : « Frère Président, je vous félicite pour le très beau travail effectué aujourd'hui par l'armée libanaise, dans des conditions difficiles. »

Hraoui : « Nous avons fait ce que nous avions à faire. »

Assad : « Frère Président, et le général Aoun, où est-il maintenant ?

Hraoui : « A l'ambassade de France, Frère Président... Il y a demandé l'asile politique. »

Assad : « Vous savez, Abou Georges, gouverner, c'est prendre des décisions difficiles et quelquefois dramatiques. Moi-même, j'ai dû, Frère Président, pour la sauvegarde de la Syrie et pour sa sécurité, prendre parfois des mesures difficiles et dures à l'encontre de parents que j'aimais, des gens de ma chair et de mon sang, et les mettre en prison ou les bannir. Je sais, Abou Georges, que vous êtes maintenant forcé de prendre une décision difficile concernant le général Aoun... »

Hraoui reste silencieux.

Assad : « Mais je suis certain que vous allez prendre cette décision, bien qu'elle soit pénible et dramatique. Une rébellion ne peut pas ne pas être sanctionnée... »

Le président Hraoui raccrocha le combiné du téléphone en soupirant. Il savait maintenant qu'il fallait réunir le gouvernement pour décider de la mise en accusation de Michel Aoun. Il pensa que ce rebondissement n'allait pas arranger ses relations avec l'ambassadeur de France. Il avait en effet promis à René Ala, le matin même, qu'il ne s'opposerait pas au départ d'Aoun pour la France. Elias Hraoui se tourna vers ceux de ses ministres présents dans son bureau et leur dit :

« On a encore du travail. L'affaire Aoun n'est pas réglée. »

Dimanche matin, René Ala donna des ordres au personnel de l'ambassade pour le dîner, dont il avait minutieusement préparé le menu la veille avec sa femme, Janie. La précipitation des événements et plusieurs nuits blanches n'avaient pas eu raison de son énergie. Mais il était livide. Georges Tannous, le maître d'hôtel, s'en fit la remarque en lui servant une tasse de café. Le visage fiévreux et dépouillé de l'ambassadeur lui souriait :

« Ce soir, j'aimerais que tout soit parfait.

— J'ai peur qu'il manque des choses en cuisine... le blocus... les bombardements d'hier...

— Je n'ai pas besoin de Joseph ce matin. Il n'a qu'à prendre la voiture. Il se débrouillera. Pour le saumon, qu'il aille à l'Ouest... »

Le soir venu, les pensionnaires forcés de

l'ambassade quittèrent leur chambre pour aller dîner. Tous les généraux, Aoun, Abou Jamra, Maalouf, leurs femmes et leurs enfants, l'aide de camp, le colonel Lahoud et les autres officiers présents portaient des masques de deuil. Nicolas Aramouni, un homme encore jeune à la gaieté lymphatique, amateur de femmes et de cigares et récemment promu capitaine était aussi vert que son uniforme. Les filles de Michel Aoun avaient le visage couvert de larmes. Le Général passa devant le salon détruit la veille par l'explosion d'une fusée Grad et découvrit, avec un mouvement de recul, la table qui attendait les proscrits. Michel Aoun, avant d'être mis au ban de la société internationale après les accords de Taef, avait été à diverses reprises l'hôte de l'ambassade. Mais il avait perdu le souvenir d'une réception préparée avec un tel soin. Le couvert, dressé à la française, vaisselle de Sèvres, verres de Saint-Louis, lui parut superbe. Sa femme Nadia se pencha pour lui parler à l'oreille. Le couple reprit contenance. Michel Aoun quitta la pièce pour revenir quelques instants plus tard cravaté et vêtu de bleu. L'ambassadeur et sa femme n'avaient cessé de parler. Ils redoutaient les silences et s'infligeaient de sourire.

Quand le maître d'hôtel s'approcha pour servir le champagne, Michel Aoun se raidit dans les effets civils qu'il portait si mal : « Est-ce un jour à boire du champagne, monsieur l'ambassadeur ? »

René Ala attendait cette question. Il sourit :

« Mon Général, malgré le cauchemar des journées qui viennent de s'écouler, j'ai deux bonnes nouvelles à vous annoncer... On m'avait communiqué vendredi les résultats du bac français de Beyrouth. Je n'avais pas eu le temps d'en prendre connaissance. Mais depuis hier, je sais que vos deux filles ont réussi... » Puis l'ambassadeur se tourna vers le général Abou Jamra :

« Réjouissez-vous, vous aussi. Votre fils appartient au nombre des lauréats. Je bois à leur succès à tous les trois. » René Ala porta son verre à sa bouche.

Michel Aoun plongea machinalement sa main dans sa poche. Il y trouva un livre miniature, publié pour le bicentenaire de la Révolution française. Ses yeux cernés s'agrandirent. Il demanda à René Ala la permission de porter à la connaissance de leur petite assemblée la teneur de ce qu'il venait de découvrir :

« Les hommes naissent libres et égaux en droit... Le but de toute association politique est la conservation des droits naturels et imprescriptibles de l'homme. Ces droits sont : la liberté, la propriété, la sûreté et la résistance à l'oppression. » Une délégation française lui avait remis quelques mois auparavant ce texte de la Déclaration des droits de l'homme, oublié depuis dans la poche d'un vieux costume qu'il n'avait jamais eu l'occasion de porter dans le bunker de Baabda.

Baabda, Baabda. Comme tout lui paraissait

loin maintenant. Il pensait à ces hommes arrêtés, torturés ou tués, aux civils en fuite, aux cadavres qui jalonnaient la route du vainqueur, à la défaite des idées qui l'avaient animé. Il pensait à son peuple d'agneaux et au cheval rouge de l'Apocalypse. « *Et à celui qui le montait, il fut donné d'ôter la paix sur la terre et de faire qu'on s'égorgeât les uns les autres. Et il lui fut donné un grand glaive.* »

La nuit entrait dans le salon par les portes-fenêtres ouvertes sur le jardin. La lune éclairait les toits d'une ville muette. Beyrouth était un cimetière. Aoun reprit sa lecture : « ... liberté... résistance à l'oppression... » Le petit cercle des vaincus s'était resserré autour de lui. Chacun ressentait l'implacable puissance des mots. Les paroles d'Aoun, sa lente élocution, soudain sereine, l'aventure de ce texte déniché par hasard au fond d'une poche bouleversaient René Ala. Chaque syllabe s'imprimait dans sa propre chair. Et pourtant, ces mots qui formaient l'aérienne charpente des songes de tout un peuple avaient été vaincus, foulés aux pieds et emportés par des jets de sang.

Une des filles de Michel Aoun s'effondra. Son père lui dit d'un trait : « Ne pleure pas. J'ai tout fait pour que ce pays soit libre. Certains Libanais n'ont pas voulu de cette liberté. L'avenir nous donnera raison... » Puis ils passèrent à table.

Tous s'appliquèrent à faire honneur aux plats, même si personne n'avait beaucoup d'appétit.

L'ambassadeur, de son côté, s'obligea à traiter le Général comme un hôte de marque. Ni lui ni sa femme ne relâchèrent jamais leurs efforts pour que cette soirée garde d'aimables apparences. Parfois le téléphone sonnait. Un correspondant transmettait des informations urgentes qui méritaient de déranger l'ambassadeur. Il arriva aussi que la conversation manque de succomber à la tristesse. La première fois, la fille aînée du Général, Mireille, dit avec un maigre sourire : « Un ange passe. » On n'entendait plus que le bruit des couverts.

Grillons et cigales grinçaient dans l'herbe de la pelouse. Leur vacarme entrait dans la pièce avec des courants d'air tiède où flottaient des parfums de fleurs. Tout autour de l'ambassade, de ses lumières, de ses silences aussi, au-delà des barrages tenus par les gendarmes régnait le cercle inquiétant des ténèbres. La nuit avait tout enseveli dans un même sac : les Syriens, les Libanais, les chars apostés au premier carrefour, les souffrances, les morts. Mais chaque convive de cet étrange festin pensait que leur communion était plus forte que cette mise au tombeau.

Chapitre II

HISTOIRE D'UN VOYAGE

« Et voici ce lieu si beau qu'il
fait mourir. »

Paul Nizan, *Aden-Arabie*.

Janvier 1988. — *Où l'on voit l'auteur embarquer pour Beyrouth à bord du* Sunny Boat, *s'interroger sur l'assassinat de notre ambassadeur, méditer une page du* Siècle de Louis XIV *de Voltaire et découvrir un pays doté d'une double nature, d'Orient et d'Occident, musulman et chrétien, mélancolique et gai, charmeur mais abandonné. — Chronique d'une nuit en bateau. — Apparition et disparition de Vénus. — Questions et radotages. — Et première rencontre avec des lieux bientôt familiers.*

Je me souviens de mon premier passage à Larnaka, Chypre. Janvier 88. C'était la nuit, je scrutais la ville par les vitres du taxi qui m'emmenait de l'avion au bateau et je ne voyais rien. Un palmier sur un parking, le porche d'une église dans le halo des phares, une rue droite, le point lumineux d'une publicité, c'était tout. Un bateau, le *Sunny Boat*, stationnait dans la darse du port, il ralliait Jounieh, Liban, en une petite nuit de navigation. Je m'installai à l'avant du pont, les moteurs chauffaient, j'étais seul. Un peu avant minuit, le bateau se détacha du quai dans un grand tremblement. Les néons orangés des docks reculèrent, puis la distance moucha les lumières de la terre. Sous l'étrave naissaient des geysers d'écume qui retombaient en pluie sur les passerelles. Un vent presque chaud, malgré la saison, emportait des foisons de fumées crachées par deux cheminées. Un quartier de lune traversait à petite vitesse la géographie des étoiles. J'étais enveloppé de nuit et d'eau et me demandais à quoi ressemblerait mon Liban.

Le vent et les vagues gouvernaient mes pensées. Il ne m'était pas indifférent de savoir que Byblos était, à peu de chose près, la plus vieille ville du monde, d'après Philon. Je revoyais aussi la maison de Maurice Barrès, à Charmes. J'y avais retrouvé, il y a quelque temps déjà, une photo blanchie sous un tas de vieilleries. On y voyait l'écrivain assis dans les ruines de Baalbek. Il venait de reconnaître sur le marbre d'un temple la signature de Loti, qui avait parcouru le pays déguisé en bédouin. A quoi pensait le Barrès de Charmes avant son départ pour les pays du Levant ? Il avait longtemps préparé son voyage, et à son retour, le médita plus longtemps encore. Son regard se cognait aux boiseries sombres de son bureau, mais l'esprit, libre, vagabondait, remontant le fleuve Adonis sur le bateau des « pressentiments de Goethe et de Victor Hugo ». Le tran-tran de la Chambre le lassait, et il commençait de se fatiguer des postures vibrantes. Paratonnerre d'une époque, il avait attiré sur lui, sur ses yeux noirs, la foudre des jalousies et des admirations. A cinquante ans, au Levant, il coupa dans les flammes ; il remua des brandons, des braises, retourna des cendres. L'énigme du monde, soudain, lui sauta à la figure. Le paratonnerre à moustaches rentra à Charmes avec « l'étincelle mystique » au bout de son épée.

Avant lui, qu'est-ce qu'un Breton de Tréguier, nommé Renan, était allé chercher dans les collines libanaises si ce n'est le souvenir d'un « homme incomparable » nommé Jésus ? Mais ces ruminations démodées se mêlaient à des questions plus actuelles. Jean-Paul Kauffmann et d'autres Français étaient retenus en otages depuis plusieurs mois par des miliciens hezbollah dans la banlieue sud de Beyrouth. Sans doute était-ce ridicule, mais il ne me déplaisait pas, malgré tous ceux qui s'étaient ligués pour me déconseiller ce voyage « inutile », d'être pour quelque temps plus près d'eux, dans Beyrouth abandonnée.

Beyrouth abandonnée. Je ne savais pas, alors, grand-chose du Liban, sans être tout à fait innocent. J'étais devenu après 1968 un enthousiaste de la Révolution. J'avais participé à l'excitation de quelques troubles, non sans succès. J'avais décidé, avec un certain nombre de camarades dont la plupart sont restés mes amis, de poser ma tête sur le billot des établis pour disparaître dans la brutalité ouvrière. Un soir de juillet 1971, j'avais rassemblé mes affaires dans une cantine, et sans faire de phrases, pris la route des aciéries de l'Est. Je m'étais fondu dans la masse. Quel lien avec Beyrouth ? J'y viens. La Palestine était alors un de nos chevaux de bataille. Nous n'acceptions pas le sort de ce peuple privé de terre et de patrie, et jetions régulièrement du bois dans le feu de la colère palestinienne. Malgré d'abjects assassinats, et d'impitoyables règlements de comptes entre bandes rivales, malgré l'infatuation, les rodomontades, les mensonges, et les lunettes noires de Yasser Arafat, la communauté internationale découvrirait un peu plus tard un sens et un droit incontestables dans la lutte de ces nouveaux Juifs errants du Moyen-Orient. Ce n'était pas le cas à l'époque. *Palestine vaincra !* était un de nos cris de ralliement. Il écrivait, en creux, notre première relation avec le Liban. Car chaque camp palestinien était un clou dans la chair libanaise. Que nos frères en keffieh dépècent la souveraineté du pays qui leur a ouvert les bras comptait peu pour nous, et tant pis si un patriarche maronite déclarait un peu plus tard [1] : « Même si les Palestiniens continuent à nous crucifier, que nous soyons chrétiens ou musulmans, nous défendrons toujours leur cause, partant de notre foi commune en Dieu et la justice humaine. Il faut absolument assurer aux Palestiniens une patrie dans leur pays où ils seraient libres de décider de leur sort. » Notre soutien ne faisait pas de quartier. Entre deux malheurs, celui des proscrits et celui des bien-pensants, notre solidarité n'hésitait pas. Nous étions tous des *feddayin*, malheur aux vaincus libanais et tant pis pour les pleurnicheurs de la religion des faibles ! Partant pour Beyrouth, je remuais ces souvenirs de jeunesse, non sans avoir l'impression d'aller solder une dette. Ceci posé pour ceux qui me réclameraient des comptes d'hoirie.

1. *Une croix pour le Liban*, Jean-Pierre Péroncel-Hugoz, Folio/Gallimard.

Ces temps anciens avaient enfanté une race d'individus inutiles, engoncés dans une sincérité qui n'était plus de mise. Nous avions entrevu « un pur éclair de liberté, la disparition de la terre dans l'émergence fugitive d'un autre monde » (Jambet). Nous préférions ces réminiscences aux choses d'ici-bas. Les débats de 81 (« Plus ou moins de nationalisations ? »), leur évidente réponse (« Moins, crétin ! »), les mièvres et macabres effeuillages de roses entre les tombes du Panthéon n'allaient pas nous divertir. Nous étions sans maître, sans sujet. La plupart d'entre nous se retirèrent de la scène. Littérature, cocaïne, Johnny Walker, voyages, starlettes, philosophies, tout était bon pour fuir cette France en fer-blanc. Chacun fit selon son goût, son caractère, ce qu'il lui restait de courage. Certains choisirent de camper dans les forteresses escarpées de l'érudition. D'autres, parmi les plus brillants, ou les plus orgueilleux, s'enfermèrent comme professeurs dans des lycées de province. Souffre-douleur de leur proviseur, de leurs collègues, de leurs élèves, ils ressassaient de vieilles lunes tout en s'évertuant à ressembler à leurs bourreaux. Quelques-uns (les plus lucides ?) filèrent directement à Sainte-Anne. Là-bas, au moins, ils étaient tranquilles, dans leur camisole neuve à taper le carton avec Althusser. Une poignée se fit fort d'apprendre toutes les langues. Ceux-là se mirent au russe, au chinois, au farsi, au japonais, à l'araméen, au dayak, au tibétain, et même à l'anglais ou à l'espagnol. Il va de soi que les langues mortes, les langues les plus parcimonieuses étaient les plus courtisées dans ces cercles d'exilés de l'intérieur. L'un d'entre nous consacra même quelques mois de sa vie à déchiffrer une énigmatique plaquette de Georges Dumézil, *Un moyne gris dedans Varennes.*

Le coup d'État du général Jaruzelski, en décembre 81, nous avait sommés de repasser aux actes. Nous nous étions retrouvés nombreux dans la glacière polonaise.

Cette race lourde, pétrifiée, épuisée, mais patiente et fantaisiste, n'avait jamais cessé de résister. Grèves, prières, émeutes, pèlerinages se succédaient depuis l'incendie des locaux du Parti communiste à Gdansk, en 1970. La Pologne se sortait des bas-fonds du totalitarisme par la mystique. A Nowa Huta, à Cracovie, j'avais rencontré des Européens à belle figure, qui luttaient à mains nues contre le néant.

Au printemps, la France presque entière se déclarait solidaire de Solidarité. Le siècle pouvait à nouveau se passer de nous, sans peine, et nous de lui.

Le désir de renouer avec la bestialité du monde nous démangeait. Nous nous épuisions en commentaires, en vaines colères, en soupirs. Paroles, paroles.

*
**

Le vent avait fraîchi et portait des paquets de mer jusque sur la timonerie. Je retrouvais la plupart des passagers écroulés dans les fauteuils du salon-bar, à l'entrepont. Des vieillards dormaient en travers de leurs valises. Des enfants circulaient en jouant entre les tables. Trois couples dansaient au son d'un orchestre libanais. Un Américain d'une soixantaine d'années, en blue jeans et en bottes, aux cheveux blanc-blond taillés en brosse, écrasait son gros ventre contre les chairs d'une jeune femme. Les serveurs, égyptiens, versaient des whiskies sur des montagnes de glace. A deux heures du matin, une fausse blonde en salopette kaki s'empara du micro. Des applaudissements la saluèrent. Quelques dormeurs ouvrirent un œil. D'autres se redressèrent en se frottant les paupières. Les musiciens accordèrent leurs instruments. Il y eut quelques trémolos de cordes, et des bruits de rythmique orientale. La salle bascula. Vénus — c'est ainsi qu'elle s'était présentée — commença son tour de chant. Il dura près d'une heure. Des amours tristes, déçues, trompées ou regrettées nourrissaient toutes ses chansons. Ses bras ondulaient sur l'air comme des serpents. Ses hanches qui obéissaient aux intonations de sa voix, dessinaient dans la demi-pénombre de vénéneuses volutes. Elle semblait très belle malgré ses yeux fanés. Sa dernière chanson s'appelait *Loubnan*. Liban.

Le lendemain matin vers six heures, le *Sunny Boat* arriva en vue des côtes. J'en fus averti par des galopades dans les couloirs. Je me laissai tomber de ma couchette et courus sur le pont. Une brume sombre coiffait le profil de la montagne. Le ciel était gris, la mer très verte. Devant nous, la baie de Jounieh repoussait Beyrouth sur une presqu'île lointaine, vers la droite. Après la douane des Forces libanaises, j'empruntai un quai, sans savoir où j'allais. J'aperçus la fausse blonde qui montait dans une jeep avec deux miliciens. Des mèches barraient ses joues blêmes. Vénus dans le jour naissant n'était pas une affaire.

Je pris un taxi à la sortie du port. « A l'hôtel Dallas, s'il vous plaît ! — Vous êtes français, n'est-ce pas ? Soyez le bienvenu ! Dites-moi, entre Chirac et Mitterrand, la cohabitation, ça va bien ? »

Quelques maisons carrées, en pierres blondes, avec des tuiles romaines, de petits balcons, des balustres de fer. Toutes en piteux état. La voiture longea encore des étals en plein vent, dominés par des pyramides d'oranges, avant d'emprunter, à contre-sens, une bretelle d'autoroute. Cinq minutes plus tard, le chauffeur me déposait devant une bâtisse moderne, plantée au milieu d'un raidillon : « Voici l'hôtel Dallas, soyez le bienvenu ! »

Beyrouth abandonnée ? Je débarquais avec des questions plus que des certitudes. Mon sac, pourtant, n'était ni sans souvenir, ni sans soupçon. Le 4 septembre 1981, à 13 h 55, une 604 beige métallisé portant les couleurs françaises avait été immobilisée sur une avenue de Beyrouth-Ouest, à moins de cent mètres d'une position de la Force arabe de dissuasion, tenue par l'armée syrienne. Quatre hommes surgis d'une BMW blanche avaient vidé leurs armes sur le passager de la Peugeot, Louis Delamare, ambassadeur de France à Beyrouth, qui, peu de temps auparavant, avait favorisé une rencontre Cheysson-Arafat et plaidé pour une aide militaire française au Liban. Cet ancien résistant, Normand de Trouville, et ami de toujours du monde arabe, était touché par dix balles. Un quart d'heure plus tard, il décédait sur la table d'opération de l'hôpital Barbir, où son chauffeur, un shî'ite libanais, l'avait transporté.

François Mitterrand avait déclaré à la veuve de l'ambassadeur que ce crime ne resterait pas impuni. Des « indiscrétions » firent savoir que le compte des assassins avait été réglé. On donnait même des précisions. Un commando palestinien avait sous-traité l'éxécution du contrat. Peu après, une autre source attribua l'explosion d'une voiture piégée à Damas aux services français. Curieuse manière de punir le crime.

Qu'est-ce que la justice, à travers la volonté constante de donner à chacun ce qui lui revient, si ce n'est le partage solennel, énoncé par le juge, consigné par le greffier, du bien et du mal ? Le châtiment qui s'abat sur le criminel enveloppe le crime. Un bloc de lumière noire tombe sur le coupable et sur sa faute. Cette lumière inquiétante éclaire d'éventuels serviteurs du mal. Les sceptiques, les raisonneurs, les timorés, les hésitants reculent d'un pas. Dans le meilleur des cas, si les bavardages des fonctionnaires envoyés en mission dans les salles de rédaction contenaient une part de vérité, où était la gloire de la justice dans ces liquidations en douce ?

Le 26 septembre 1983, Abdelhalim Khaddam, véritable proconsul syrien au Liban, déclarait : « Nous souhaitons que la Force multinationale parte, et le plus tôt sera le mieux. » Des obus syriens, partis d'Aley, pilonnent pendant dix jours la résidence des Pins, un ancien palais ottoman qui abrite les appartements de l'ambassadeur de France. 7 morts et 14 blessés parmi les Français. Claude Cheysson intervient « énergiquement », par téléphone, auprès de Khaddam. 8 Super-Etendard, décollés du *Foch*, bombardent les batteries syriennes. Le 13 octobre, un double attentat-suicide tuait à Beyrouth 241 marines américains et 88 parachutistes français. François Mitterrand déclare très vite : « Ce crime ne restera pas impuni. » L'attentat est revendiqué par des intégristes pro-iraniens, qui déploient leurs activités dans la zone sous contrôle syrien. Les Pasdarans, gardiens de la révolution iranienne, sont en permanence dans le collimateur de Damas, qui les étouffe ou les oxygène selon ses visées propres. Les services de renseignement syriens avaient-ils eu connaissance des préparatifs de l'attentat du Drakkhar ? Nul ne pourrait le prouver. Mais il est difficile de croire le contraire. Le 17 novembre, les agences de presse annoncent que 8 Super-Étendard de la flotte française ont effectué un raid de représailles contre un centre d'entraînement de commandos-suicides au sud de Baalbek et contre la caserne Cheikh-Abdallah, réquisitionnée depuis un an par les gardiens de la révolution iranienne, les Pasdarans, et quartier général du chef intégriste Hussein Moussaoui. Un Iranien et un berger libanais, Ali Yasbek, sont les seules victimes du raid. Aucun Pasdaran n'était présent dans la caserne, et les Syriens n'ont pas utilisé leurs missiles sol-air déployés autour de Baalbek. Une « fuite », venant de l'entourage de Claude Cheysson, aurait prévenu Amal à Beyrouth et l'ambassade de Syrie à Paris, de l'imminence des représailles françaises.

Quelques mois après ces attentats, j'avais lu *le Siècle de Louis XIV*, de Voltaire. Extrait :
« Il arriva qu'à l'entrée d'un ambassadeur de

Suède à Londres, le comte d'Estrade, ambassadeur de France, et le baron de Vatteville, ambassadeur d'Espagne, se disputèrent le pas. L'Espagnol, avec plus d'argent et une plus nombreuse suite, avait gagné la populace anglaise : il fit d'abord tuer les chevaux des carrosses français, et bientôt les gens du comte d'Estrade, blessés et dispersés, laissèrent les Espagnols marcher l'épée nue, comme en triomphe.

« Louis XIV, informé de cette insulte, fit sortir de France celui d'Espagne, rompit les conférences qui se tenaient encore en Flandre au sujet des limites ; et fit dire au roi Philippe IV, son beau-père, que, s'il ne reconnaissait la supériorité de la couronne de France, et ne réparait cet affront par une satisfaction solennelle, la guerre allait recommencer. Philippe IV ne voulut pas replonger son pays dans une guerre nouvelle pour la préséance d'un ambassadeur : il envoya le comte de Fuentès déclarer au roi, à Fontainebleau, en présence de tous les ministres étrangers qui étaient en France (24 mars 1662), "que les ministres espagnols ne concourraient plus dorénavant avec ceux de la France". Ce n'était pas assez pour reconnaître nettement la prééminence du roi, mais c'en était assez pour un aveu authentique de la faiblesse espagnole. Cette cour, encore fière, murmura longtemps de son humiliation. Depuis, plusieurs ministres espagnols ont renouvelé leurs anciennes prétentions ; ils ont obtenu l'égalité à Nimègue : mais Louis XIV acquit alors, par sa fermeté, une supériorité réelle dans l'Europe, en faisant voir combien

il était à craindre[2]. » Le 26 novembre 1984, François Mitterrand, lui, s'est rendu à Damas. Sans avoir demandé réparation pour la mort de son ambassadeur.

Beyrouth abandonnée ?

Sur le front. Janvier 1988. L'hiver fondait. Autour des maisons abandonnées, les chemins ne menaient qu'à des ruines. Dans les fossés, les engins blindés prenaient la route en enfilade. Des soldats dormaient dans des maisons ou sous des abris de tôle. D'autres pataugeaient dans une neige boueuse. Trois hommes, assis à croupetons autour d'un feu, parlaient de leur village, dans la Bekaa. Un peu plus loin, un bûcheron en kaki maniait la hache. Ses bras allaient et venaient avec la régularité du balancier d'un métronome. Il ne s'arrêta que pour rallumer un cigarillo pendu au coin de sa bouche.

Un capitaine étendit la main : « Regarde, ces uniformes, là, juste en face de nous, tu vois, ce sont des Syriens ! » La guerre et le froid avaient désolé ces crêtes civilisées. L'armée libanaise et l'armée syrienne campaient au coude à coude. Les Syriens tenaient les hauteurs. Leurs unités cantonnaient dans des couvents solitaires, au

2. Voltaire, *Œuvres historiques*, La Pléiade, p. 685.

crépi doré, ou dans de vieilles chapelles en forme de croix latine. L'agitation minuscule qui traversait les fourrés, à moins de soixante mètres de notre petit groupe, c'était eux. Ils nous regardaient. Nous les regardions.

Des combats avaient enflammé ces hauteurs de Beyrouth en 86, après qu'Amine Gemayel eut refusé d'offrir à Assad l'accord tripartite qu'il lui réclamait. Les Syriens avaient tenté de s'emparer de tous ces villages, transformés en borne frontière. A Douar, les miliciens phalangistes avaient résisté, maison par maison. La population était rentrée chez elle après les combats. Seul le curé avait déserté. Depuis, le front était gelé à la sortie du pays. Trois cents soldats de l'armée libanaise cohabitaient avec les villageois. Dix mariages avaient été célébrés depuis le retour au calme. Le village empruntait pour chaque cérémonie le moine d'un couvent voisin.

J'avais passé une matinée à Douar, village accroché à un coteau de neige. Les habitants s'attendaient à tout, nuit et jour sur le qui-vive. Deux présences stimulaient leur courage. La première, fluette et gracieuse, avait la silhouette d'une jeune fille. Nada était institutrice. Chaque matin, elle parcourait trente-cinq kilomètres en auto-stop pour enseigner le français et l'arabe aux enfants de Douar. Elle repartait le soir par le même moyen. La seconde promenait ses larges épaules serrées dans un blazer. C'était le médecin. Il m'avait reçu dans son cabinet, assis près d'un poêle qui ronflait. « Je pourrais partir. J'avais un frère. Il a été tué. J'avais une clinique. Je l'ai perdue. J'ai été le premier à revenir. J'étais professeur à la faculté. J'ai choisi de vivre à Douar. Il faut rester pour que les Syriens ne soient pas tentés d'occuper le vide. Ce n'est pas une mauvaise chose de les voir toute la journée. Leur présence nous débarrasse de la tentation des illusions. Bien sûr, l'angoisse habite dans chaque maison. Mais il faut s'arranger pour tenir, il le faut bien. »

A Beyrouth. Le Liban, ce qu'il en restait, vivait entre la paix et la guerre. Le long de la côte, sur la route de Jounieh, le flot des voitures gonflait deux fois par jour. Les grosses cylindrées étaient plus nombreuses qu'à Chelsea ou avenue Foch. Sur la plage, des pêcheurs tiraient leur filet sur leurs épaules, les pieds dans l'eau. Des enfants vendaient des oranges ou des galettes de pain. Le soir, un chapelet de néons pavoisait des kilomètres de villes nouvelles, bâties pour les réfugiés, jusqu'à l'apothéose du Grand Casino du Liban. Des bandes armées, entassées dans des Range Rover ou des 4 × 4 Toyota, se ruaient parfois dans la circulation. Un chef — ou un sous-chef, de milice passait. Le Libanais n'y prêtait pas plus attention qu'aux sacs de sable entassés devant l'entrée de son immeuble. Après le coucher du soleil, un Liban avec une autre figure se vouait à la frivolité. L'insouciance était son seul mot d'ordre. La jeunesse brûlée des beaux quartiers était enragée à manifester son appétit. Des instantanés de vie à grandes rênes entretenaient l'illusion du bonheur. Les lendemains commençaient toujours par une gueule de bois. La paix aussi faisait de la casse. Personne n'échappait aux faits. Il n'y avait que la guerre, coupée par de féroces récréations. Le nihilisme des repus ignorait les états d'âme. Combats ou trêves, les mercantis trouvaient leur compte.

Un soir, au Dog River, j'ai vu Samir Geagea s'étourdir à danser la *dbayé* jusqu'aux premières heures du matin. Les terrasses du Dog River mordent sur les eaux du Nahr el-Kelb, la rivière du Chien. La légende avait placé à ce point stratégique de l'ancienne route du littoral la statue d'un chien qui hurlait si fort, à l'approche de l'ennemi, qu'on l'entendait deux lieues à la ronde. Ici pharaons et rois d'Assyrie firent sculpter dans le roc des stèles en souvenir de leurs victoires. L'empereur Caracalla, la Troisième Légion Gauloise, Seif ed-Dine, un sultan mamelouk, les armées britanniques et françaises ont ajouté leurs noms sur la pierre des falaises. J'espérais qu'Hafez al-Assad ne laisserait pas lui aussi sa « carte de visite » (Salah Stetié) dans les gorges de la rivière du Chien.

A Bikfaya. Un chantre, petit homme appuyé contre une muraille de pierres blondes, lançait des refrains à pleins poumons. L'assistance reprenait ses vocalises en les amplifiant. La voix de basse du chantre modulait avec énergie la vieille langue syriaque. Deux prêtres faisaient face aux fidèles. Le plus jeune, en dalmatique blanche, arborait sur un visage de pleine lune des sentiments mitigés. J'y trouvais un mélange de songerie, de ferveur et de fantaisie assez fréquent chez les locataires des couvents maronites. Le plus âgé, en soutane noire, entouré d'un nuage d'encens, semblait descendu tout droit d'une fresque d'Antioche, où les disciples de Jésus-Christ prirent pour la première fois le nom de chrétiens. Les halliers blancs de ses sourcils protégeaient son regard des choses et des gens que son âge canonique le dispensait de voir. Cette cérémonie familiale formait l'entame des dimanches à Bikfaya, fief des Gemayel et bourgade de montagne réputée pour ses sources.

Après la messe, Gemayel reçoit amis et sujets de son clan, qui défilent entre des plateaux de cuivre. J'interroge un couple à l'allure modeste. Anis, venu dans la voiture de son oncle, est électricien. Mes questions l'embarrassent, mais Angèle, au visage piquant sorti d'une robe violette répond à sa place : « Il est malade depuis quinze ans. C'est un calvaire. Il a besoin d'une opération, c'est cher ! » Gemayel transmet le dossier à un aide de camp. Anis souffre d'incontinence partielle et d'éjaculation précoce. Cheik Amine verra ce qu'il peut faire.

Gemayel aime conduire. Avant le déjeuner, il se met au volant de sa Mercedes. « C'est la fête de saint Antoine abbé, le patron du village voisin, allons saluer nos moines ! » En claquant ma porte, je sens, au lieu de la poignée de cuir, un bloc de métal froid. C'est la mitraillette du Président, toujours fichée dans le vide-poche de sa voiture blindée. Une route en pentes, en bosses et en coudes mène au couvent. Une Range Rover et son équipe de gros bras nous suivent à distance. Les moines rient en apercevant Gemayel : « Tiens, une apparition ! » Les plus jeunes portent des blousons de cuir sur leur soutane. Ils installent des chaises en rond sur une terrasse. Des guirlandes de fleurs enlacent le fer forgé du balcon. On boit des petites tasses de café dans un air tiède. La conversation hésite entre le présent et le passé. Un vieux moine sort de la chapelle. Les aléas de la brise agitent sa barbe, étalée sur les boutons de sa soutane. Il se tait. Est-ce les hommes qui déteignent sur les lieux, ou le contraire ? Les vibrations d'une cloche emplissent le silence. Les branches des sapins sont vêtues de lumière. Un soleil idéal éclaire cette aimable parenthèse. Gemayel ressemble à un sénateur français en tournée dans sa circonscription. En regagnant Bikfaya, il me dit : « Une des forces du Liban était d'avoir de puissants chefs politiques. La guerre a empêché le passage du relais. Elle nous a légué des chefs militaires, mais nous prive des leaders dont nous aurions besoin. » Amine Gemayel n'avait pas tort. L'État rétrécissait. Baabda ne comptait plus guère. Le Conseil des ministres ne se réunissait plus. L'anarchie économique s'était engouffrée dans le vide institutionnel. Les Forces libanaises, seule milice sans portefeuille, créaient services sociaux, transports, administration. Elles levaient des droits irréguliers sur toutes les marchandises qui transitaient par le cinquième bassin du port de Beyrouth. Les fonctionnaires des douanes regardaient passer les bateaux en se serrant la ceinture. L'arnaque, la débrouille, les combines remplaçaient le travail, le commerce, l'épargne. On s'amusait à ne plus payer ni le téléphone, ni l'eau, ni l'électricité. Le peuple était K.O. La crise touchait son moral et son porte-monnaie. Il n'avait plus de figure à aimer et à respecter. Il était blessé aux moelles.

Place des Canons. Parti du port, j'ai vu la vie se raréfier. La voiture, progressant par des chemins inondés, franchissant de sinueuses sanies, se heurtait au mur des containers de la « ligne verte », s'écartant des dernières palpitations de la ville. Ici, la « grande sarabande des races » (Barrès) avait respiré les premiers parfums de l'Asie. Ici la Chrétienté avait tendu la main à l'Islam. La place des Canons avait été plus que le cœur de Beyrouth. Le pouls de la planète battait autrefois au débouché de ces ruelles populeuses. Du passé perdu de cette orientale Atlantide, il ne restait que des gravats, de la boue, du silence, des murs refroidis depuis longtemps.

En quittant le port, il fallait déjà prendre garde, rue de la Marseillaise, aux francs-tireurs d'Amal. Mais des voix résonnaient dans les maisons ; elles rassuraient ; et du linge pendait aux fenêtres ; on pouvait se persuader que la vie durait. Puis la nature reprenait ses droits. Des arbres se dressaient dans les entrailles béantes des immeubles. Le silence écrasait tout. Plus une âme, pas un bruit, si ce n'est, dans un repli des ruines, les miliciens des Forces libanaises, campés dans le cloaque. Flancs maigres, joues crasseuses, yeux enflés par le haschisch. Ils tenaient, par roulement de quarante-huit heures, l'énorme barricade de terre, de containers et de sacs de sable qui coupait un monde en deux. Les miliciens d'Amal étaient de l'autre côté.

Un coin d'ombre abritait une crèche de Noël. Les miliciens s'en approchaient en serrant leur Kalashnikov sur leur cœur. La plupart d'entre eux avaient collé des images polychromes de la Vierge ou du Christ sur la crosse de leur arme. Leur seul horizon était cette dévastation. La guerre avait fossilisé les façades qui avaient abrité, en d'autres temps, un surcroît de vie. Les miliciens redoutaient la nuit. Leurs pupilles dilatées détaillaient les ténèbres. Tout incident déclenchait une fusillade. Il suffisait qu'un chat fasse rouler une pierre. D'éphémères batailles les occupaient souvent aux heures creuses de l'aube, malgré les consignes qui imposaient d'économiser les munitions, pour cause d'inflation. J'avais demandé à ces jeunes gens fiévreux, dévorés par le froid et la drogue : « Resterez-vous longtemps ici ? » Ils m'avaient répondu : « Tant que l'étranger sera devant nous, nous resterons ! » Leurs visages de cire pâle n'imaginaient pas d'autre avenir.

Beyrouth-Ouest. Une nouvelle donne jetée par l'Iran dans le poker menteur de Beyrouth rendait plus incertain encore le destin du Liban. Des voix autorisées prétendaient que les Pasdarans n'étaient guère plus de cent cinquante. Mais ce petit régiment avait des ambitions et des moyens. Et il s'adressait à des ventres creux. La manne intégriste était généreuse pour les affamés qui tournaient leur regard vers le ciel. Les hezbollahs payaient les femmes cent dollars par mois pour porter le tchador, et les hommes trois cents pour tenir un fusil. Ils offraient aux terrasses de Beyrouth-Ouest, qui proclamaient chaque soir, à la tombée de la nuit, « la grandeur du Créateur », du pain, de l'espérance, une liturgie messianique. Ils installaient les sans-abri dans les maisons vides des sunnites. Ils se moquaient de Gemayel, des roitelets du Liban et des élections présidentielles. Le Cheikh Fadlallah avait remplacé l'iman Moussa Sadr, liquidé en Libye en 1978, dans le cœur et les esprits de la communauté shî'ite. Sa logique était celle de la force. L'Iran paraissait tout-puissant.

Je rencontrai plusieurs fois un Français qui prétendait savoir où étaient détenus Kauffmann, Seurat, Carton et Fontaine. En vain.

A l'Hôtel-Dieu. Le Père Ducruet, jésuite converti au Liban, m'avait donné rendez-vous à huit heures du matin. Je m'étais trouvé en face d'un homme vertical. Corps d'une seule pièce, visage d'ascète, très grand. Il avait beaucoup fréquenté l'atroce et vu mourir une dizaine de ses compagnons. *Perinde ac cadaver.* Les cadavres étaient couchés dans la terre libanaise. Obituaire : Père Allard, islamologue, fondateur de la Bibliothèque orientale — il suivait deux cents doctorats dans le monde entier : déchiqueté dans sa chambre par un obus. Père Dumas, chancelier de la faculté de médecine : tué par un franc-tireur sur la route de Damas. Père de Jerphanion : visé par un franc-tireur sur la route de l'aéroport, mort en perdant tout son sang. Père Meigne : mort dans l'explosion d'un avion piégé qui se disloqua au-dessus de Beyrouth à quatre heures du matin. Père Kluiters : poursuivi dans la Bekaa, blessé, enlevé, martyrisé, assassiné près des villages qu'il avait fait revivre. Père Seinnigan, philosophe : tué par un obus en allant dire la messe à l'Hôtel-Dieu. Père Masse, modernisateur et fédérateur des revues Jésuites, ancien directeur d'Assas-Editions, tiré à bout portant, (exécutants sunnites, ordre hezbollah, complicité syrienne) dans son bureau du centre universitaire de Saïda, où toute une jeunesse musulmane se pressait pour venir apprendre le français.

Le Père Ducruet, réchappé de plusieurs attentats — son bureau avait été détruit quatre fois —, ne portait pas d'arme. « Je suis libre, je n'ai pas de femme, pas d'enfant, et surtout, je ne crains pas la mort. Je peux me permettre de dire " non " à qui je veux. » Il se débattait avec les soucis quotidiens, avec l'horreur, avec les milices. « La guerre transforme le Liban en profondeur. Non seulement les structures économiques sont maintenant les structures de guerre, mais la guerre fait des Libanais un peuple sans mémoire. Mes étudiants se droguaient pendant les derniers combats — les Syriens ont introduit le pavot dans la Bekaa. Ils ont tué, ils ont torturé, et ne se souviennent de rien. » Cette amnésie l'effrayait.

A Kaslik. « Tous les diables se sont refugiés chez nous. Et nous sommes au milieu du monde, entre deux feux, le feu de l'Islam et le feu du judaïsme. Que fait l'Occident ? Il est à genoux devant Khomeiny. Que font les démocraties ? Elles sont à genoux devant les barbaries ! Vous êtes contents de négocier pour retrouver vos otages. Nous sommes humiliés pour vous, avec vous. L'Occident ne vise plus qu'une logique d'intérêts. Heureusement nous avons la chance d'avoir un grand peuple. Mais à quoi servent votre amitié et notre amour de la France ? Nous sommes pourtant une entité française. Je crois que vous l'avez oublié ! et nous sentons une solitude extraordinaire autour de nous. » Ainsi parlaient ce matin de janvier 1988 deux moines maronites, dans leur bureau de Kaslik. L'un avait une voix très douce, des cheveux blancs, et il suçait des bonbons. L'autre, plus jeune, très gai, très triste aussi, malgré ses pommettes vermillon, se tenait solidement campé sur ses jambes. Le soleil projetait l'ombre de sa soutane sur le mur, entre deux bouquets de roses.

A Hazmieh. Des soldats m'avaient montré l'endroit où fut abattu le colonel Gouttière, en septembre 1986. Chaque Français était menacé. Les services de sécurité répétaient régulièrement des consignes de prudence. Le matin, ne pas sortir de chez soi avant d'avoir vérifié qu'aucun véhicule suspect n'était stationné au coin de la rue. Le soir, en rentrant, fermer portes et fenêtres. Ne jamais quitter de l'œil son rétroviseur, en circulant dans Beyrouth, etc. Chacun connaissait par cœur ces règles élémentaires. Mais le soleil, rarement absent, même pendant ces jours d'hiver, invitait à vivre. Et les manières libanaises, uniques au monde, dans le raffinement, dans la générosité, dans l'insouciante façon de se présenter face au destin, brisaient cette tension. Chacun baissait vite sa garde. Il était tentant de prendre la douceur de l'air pour le signe d'une détente politique. Ce genre de méprise se terminait régulièrement par une tragédie. La mort rôdait dans les rues de Beyrouth.

Peu avant mon arrivée, trois gendarmes étaient tombés dans un traquenard à Dora. Avaient-ils pensé à la mort quand ils étaient descendus de leur jeep pour aller chiner dans les souks ? Douze jours plus tard, Richard Gimpel, un employé d'une fabrique d'arak était assassiné ! Sans-filiste amateur, il jouait à l'homme informé, et faisait tout un monde des minces aventures qu'il avait traversées. Désireux de tenir un rôle, il taquinait la mort pour se prouver qu'il existait. Il s'était trouvé dans Beyrouth des oreilles pour croire à ses fanfaronnades. Exécuté. Quelques mois plus tard, un jeune lieutenant inscrit au tableau de capitaine, commençait, obéissant aux ordres de Paris, une enquête très fouillée pour découvrir les assassins de Gimpel. Jacques Meurand — c'est ainsi qu'il se faisait appeler — avait choisi la DGSE à la sortie de Saint-Cyr. Les tueurs avaient flairé son approche. Exécuté.

Ces crimes tétanisaient la communauté française. Elle vivait pendant quelques jours, quelques semaines, avec l'obsession d'un visage perdu, d'une flaque de sang sur un trottoir. La vigilance était à nouveau de mise. Puis la vie repartait et se dérobait aux consignes.

Des indices concrets protégeaient Paul Blanc, l'ambassadeur de France, contre lui-même. Ils le dissuadaient de s'abandonner aux émollientes influences. Des informateurs l'avaient avisé que tous ses déplacements à Beyrouth-Ouest, où il s'imposait d'aller au moins une fois par semaine, étaient filmés. Ces repérages préparaient un attentat. Blanc suspendit ces passages à l'Ouest pendant quelques semaines, puis les reprit, malgré les menaces. La sagesse, la DGSE peut-être, mais surtout la chance lui évitèrent d'être tué. Un jour qu'il devait se rendre chez les Frangié, à Zghorta, il hésita à partir au dernier moment pour répondre à un télégramme urgent du Quai d'Orsay, qui l'interrogeait sur les réductions de personnel. Il fut tenté de n'y donner suite qu'à son retour de Zghorta. Le remords seul le retint, in extremis, à Hazmieh. Il annula son rendez-vous. Dans l'après-midi du même jour, il travaillait à son bureau quand il reçut un télégramme de la DGSE : « Surtout, n'allez pas à Zghorta ! Attentat prévu. »

Au passage du Musée. Quelques Beyrouthins, dont Amine Gemayel, s'étaient entremis pour m'obtenir un rendez-vous avec Hussein Husseini, à Beyrouth-Ouest. D'autres m'avaient appelé pour me dissuader d'aller rentre visite au président du Parlement : « Tout le monde sait que tu vas le voir, n'y va pas, sauf si tu tiens à rejoindre tes compatriotes retenus en otages. »

Je leur avais objecté qu'Husseini m'envoyait au passage du Musée sa garde personnelle. Ils avaient éclaté de rire : « Et alors ? Ce journaliste américain qu'on a retrouvé sur une plage du Sud, en mauvais état malheureusement, le ministre de l'Intérieur ne lui avait-il pas donné son propre fils comme sauf-conduit dans ses déplacements ? Renonce, une escorte ne sert à rien. Un embouteillage, deux canons de RPG 7 braqués sur ta voiture, et tous les *body-guards* sortent les mains en l'air, crois-nous, renonce... Tu n'es ni médecin ni diplomate. Rien ne te protège, trop de gens sont au courant. » J'avais maintenu mon rendez-vous. Paul, mon chauffeur, avait beaucoup insisté, parfois même d'une manière suppliante, pour me convaincre de renoncer. Ce matin-là, il conduisait lentement, comme à son habitude. La voiture tournicotait dans un lacis de petites rues. Paul ne disait rien. Son silence respectait ma décision. Il avait simplement fait un geste du bras quand j'étais monté dans la voiture, comme pour dire : « Si tu y tiens, on y va, n'en parlons plus... » La voiture roulait déjà devant l'ancien musée. Il était un peu plus de neuf heures du matin. Le bleu du ciel était très frais. En approchant du premier barrage, je fus saisi d'un pressentiment. J'étais calme, mais l'évidence d'un danger imminent s'imposait à mon esprit. J'ai demandé à Paul de faire demi-tour. C'est ainsi que j'ai posé un lapin à Hussein Husseini. Qu'il me pardonne !

*
**

A la Quarantaine. Lunettes rectangulaires sur le nez, de petite taille, vêtu de sombre, col ouvert, très enjoué, facilement ironique, amusé de tout et de lui-même, brillant causeur, comédien dans l'âme, Karim Pakradouni travaillait tous les après-midi dans son bureau de la caserne des Forces libanaises. Il allait de sa table à un fauteuil, d'un fauteuil à la porte. Parler l'échauffait. Sa conversation n'était jamais vaine, toujours malicieuse, parfois déroutante. Maître Karim connaissait les vieilles recettes de l'Orient. Numéro 2 de la milice chrétienne, après Geagea, avocat international et businessman, il était habile dans l'art d'inspirer confiance, en dépit de tout. Il avait mis plus d'une fois le diable dans sa poche, à moins que ce ne soit le contraire, prétendaient ceux qui ne l'aimaient pas. Ces derniers, pour rien au monde, ne se seraient privés du spectacle de son esprit. Malgré son air de ne pas y toucher, la mémoire de ce satrape cultivé valait les banques de données de tous les services de renseignement du Moyen-Orient. Son intelligence ornée, ses manières simples, presque modestes, son expérience, sa souplesse faisaient de lui un négociateur hors pair. Il était à tu et à toi avec Yasser Arafat et me fit plus d'une fois goûter au miel du Yémen que lui envoyait le leader palestinien, le meilleur miel du monde, d'après Karim, avec celui des monastères de l'île de Chypre. Ses yeux noirs avaient sondé les reins et les cœurs de tous les potentats de la région. Les grandes vedettes du crime, Hafez al-Assad, Saddam Hussein, n'avaient pas de secret pour lui. Il connaissait aussi le roi Hussein de Jordanie. Sa science du Liban était peu commune. Certains, à Beyrouth, reprochaient à Karim d'avoir trop servi. D'autres se défiaient de son agilité, de ses relations encombrantes. Cet intellectuel avait hérité de son long passé d'homme d'action l'art d'encaisser les coups. Auteur d'un livre sur Elias Sarkis, il n'était pas peu fier de pirater *Apostrophes* chaque semaine, retransmis par ses soins sur le canal FL. Quand je le quittai, après ma première visite à la Quarantaine, il me raccompagna jusqu'à la porte de son bureau. Le paquet d'hommes en armes qui montait la garde s'écarta pour nous laisser passer. Il réfléchit un instant avant de me saluer, puis dit :

« Rien n'est définitivement perdu. Amine Gemayel n'a pas réussi grand-chose, mais il n'a pas cédé sur l'essentiel. Aucun président, après lui, ne pourra donner aux Syriens ce qu'il leur a refusé. »

A Bkerké. Rien n'avait changé depuis Barrès : « Un palais, un couvent, un domaine champêtre, en proie à l'azur du ciel et du gouffre, au parfum de la mer et de la montagne, et tout rempli de prélats aux longues barbes, en robes éclatantes, qui agitent inépuisablement des problèmes d'administration et de politique. Et là, au milieu d'eux, un sage, à la fois évêque et pacha, un Nestor aussi. Sa Béatitude le Patriarche maronite d'Antioche, tout en courtoisie et en finesse, élevé à Rome, mais plein des passions et des raisons de son petit peuple oriental » (*Une enquête au pays du Levant*, 1923). Monseigneur Sfeir, visage rond, coiffé d'une calotte, mains de prélat, m'avait reçu dans la salle du chapitre. Ses lèvres s'ouvraient à peine, sa barbe neigeuse frémissait autour de ses lèvres, on aurait dit une peinture, et pourtant il parlait : « Les patriarches autrefois appelaient la France qui ne se désintéressait jamais de la Sublime Porte. Nous, maronites, avons toujours vécu dans la montagne, accrochés à la pierre. Nous avons pétri la montagne libanaise. L'histoire nous a appris à endurer les persécutions. Regardez nos églises. Les portes ne s'y ouvrent souvent qu'à hauteur d'homme. Ces portes rétrécies datent de l'Empire ottoman. On les voulait basses et étroites pour éviter que les cavaliers entrent avec leurs chevaux et leurs sabres dans nos lieux de culte. Mais le patriarcat, dans une époque plus récente, n'a cessé de prêcher pour la réconciliation des musulmans et des chrétiens. » Le soleil se couchait. Une lumière rose tombait sur les vingt-deux arcades du palais patriarcal.

A l'hôtel Dallas. Une femme était entrée dans le hall, avec son fils. Je crus comprendre que c'était une amie du directeur de l'hôtel. Le portier lui fit la conversation. Il avait peu de clients et s'ennuyait. Pendant qu'ils parlaient, l'enfant, qui était grimpé sur un fauteuil, tomba de son perchoir, sans gravité. Sa mère le réprimanda à distance. Il fila jusqu'à sa voiture, garée sur le parking, et revint avec une mitraillette en plastique. Il se planta devant sa mère, la braqua avec son arme et hurla : « Maman, je te tue ! Je te tue ! Taratatata ! taratata ! » L'autorité parentale au Liban ne s'était pourtant pas démentie. Tous les jeunes combattants avaient posé leur mitraillette — une vraie — en rentrant chez eux. Puis ils avaient recommencé à obéir à leur père.

Dîner à la montagne. J'avais rendez-vous au bar de l'Alexandre à l'heure du whisky. J'attendais un ami, il en est arrivé cinq. Nous sommes partis dîner à la montagne, c'est-à-dire à une demi-heure de voiture de Beyrouth. Extraits-souvenirs d'une longue conversation, en vrac :

« Le Libanais de la montagne est toujours un patriote. Celui de Beyrouth ou de la plaine est plus sensible aux sirènes étrangères. »

« Les chrétiens, c'est comme le gazon, plus on les tond, plus ça pousse. »

« De Gaulle a eu une aventure, à Damas, avec une musulmane, qui a épousé un Suédois, qu'elle a quitté très vite. Ma mère a bien connu cette femme. Le consul de France lui apportait des fleurs tous les ans, pour son anniversaire, de la part du Général. »

« C'était après l'élection de Béchir, en août 1982. On avait bu beaucoup de vin, beaucoup de champagne, à l'Est comme à l'Ouest. Le 24 ou le 25, je suis allée à l'enterrement d'une amie, tuée par dix balles devant l'hôtel Bristol. En revenant de la cérémonie, j'ai dit à Solange, la femme de Béchir, en repensant à l'euphorie de la victoire : " Prenons garde, trop de bonheur nuit. Trop de bonheur nuit. " Quinze jours plus tard, Béchir était tué. Les femmes voient plus loin que les hommes. »

« Connaissez-vous le comble de l'optimisme pour un Libanais ? C'est de se dire : A demain ! »

Quand nous nous sommes quittés, la nuit était claire et sentait la résine de sapins. Les portières ont claqué. Les voix de mes amis ont couvert les ronflements des moteurs. Ils criaient tous : « A demain ! »

A Byblos. Les ruines de la plus vieille ville du monde étaient désertes. Personne au Liban, excepté des pillards et les trafiquants d'antiquités, ne s'intéressait plus à cette « humanité des temples et des tombes », pour parler comme Halévy. Les animaux étaient restés maîtres des lieux. A l'entrée du site, des chèvres foulaient le sol des anciennes salles d'armes du château des Croisés, jadis fouillé, rapidement, par Ernest Renan. Des lézards glissaient de pierre en pierre. Un âne broutait l'herbe entre les bornes et les colonnades d'anciennes tombes. Des hirondelles baignaient leurs ailes dans la source du puits des Rois, Bir el-Moulouk. La légende rapporte qu'Isis, sœur et femme d'Osiris, s'était ici même métamorphosée en hirondelle pour rechercher les restes disparus de son frère bien-aimé. Elle passait ses nuits à voleter autour de la source. Mon regard suivait les passages grinçants des oiseaux quand j'entendis des cris dans mon dos. Un homme courait derrière moi, qui brandissait une sorte de carnet au bout de son bras. C'était le gardien, un vieillard à la moustache grise et drue. Je compris que j'étais sa première visite depuis plusieurs jours. Sans doute, assoupi dans sa guérite, avait-il manqué mon entrée. Dès que je me fus acquitté du prix du billet, il voulut m'entretenir d'Aphrodite et du dieu Yp-shemou-abi. J'étais disposé à l'entendre, mais son érudition, malgré une bonne volonté dopée par l'inaction, ne le menait pas très loin. Son récit tourna court. Je l'interrogeai alors sur le nombre et la qualité de ses derniers « clients ». Il reprit la parole d'une voix plus ferme. Les derniers touristes, me dit-il, étaient un diplomate soviétique, qui parlait arabe, et deux officiers de la Finul, s'exprimant en anglais. Quand il apprit que j'étais français, il redressa la tête et cria : « Vive la France ! Vive de Gaulle ! » Ses acclamations allèrent se mêler au refrain des vagues. Puis il ajouta, comme un remords consécutif à une intense réflexion que trahissaient les plis de son front : « Vive Mitterrand ! », puis s'éloigna. Je continuai seul ma promenade. Je finis par découvrir, non loin du théâtre romain, un vagabond allongé dans l'herbe, une bouteille d'arak à portée de la main. Mon arrivée troubla sans doute ses rêveries immobiles. Il se leva, sans un mot, ramassa sa bouteille, son bâton, et fila. Le Guide Bleu, acheté en solde à la librairie Antoine à Achrafieh, m'apprit que le terre-plein choisi par cet ivrogne pour se reposer avait servi de réceptacle à une mosaïque représentant un Bacchus au thyrse couronné de fleurs. Ce n'était pas la première fois que je remarquais qu'il existe à la surface du monde des lieux privilégiés pour cuver son vin, ou son arak.

A Jounieh. Dans la vieille ville, la circulation était entravée par des chicanes de ciment pour empêcher le stationnement. La voiture piégée restait une hantise. La ville moderne, semblable à toutes les éruptions de béton qui défigurent les rives de la Méditerranée, était couverte de placards publicitaires vantant des films, des voitures, ou des magasins. La plupart étaient rédigés en anglais. J'interrogeai un étudiant sur la guerre des langues. Voici sa réponse :

« Nous parlons de plus en plus l'anglais, arrivé en force au Liban avec les Palestiniens, très anglophones. Ils nous ont contaminés. Puis la jeune génération a été souvent privée d'écoles, de professeurs, et de Français, par la guerre. Enfin, depuis les otages, les manifestations culturelles françaises à Beyrouth sont devenues exceptionnelles. Beaucoup de professeurs français qui fréquentaient nos universités ont cessé d'y enseigner. » Le lendemain, je rencontrais Amine Gemayel au palais présidentiel de Baabda. Je lui ai demandé si le français reculait :

« Oui, d'une manière certaine, malheureusement, au profit de l'arabe et de l'anglais. Quand mon père rencontrait autrefois un autre dirigeant libanais, ils s'abordaient généralement en français. — Et vous, quand vous rencontrez Walid Joumblatt ? — Nous nous parlons en arabe. »

A la faculté des lettres, le père Selim Abou, auteur d'un livre érudit sur le bilinguisme arabe-français, se souvient d'avoir entendu parler l'araméen : « C'était dans un village chrétien de Syrie, au nord de Damas, qui s'appelait Maaloula. Les paysans parlaient la langue de Jésus, j'en ai été témoin, à la fin des années 60. C'est fini aujourd'hui. L'araméen est vraiment mort. »

Un ordre avait jailli. Quelques lascars en espadrilles s'étaient agités autour d'un palan. Grincements des chaînes, reflets de lune sur des taches d'huile. Ils manœuvraient une porte de fer qu'ils relevaient comme le tablier d'un pont-levis. Le *Sunny Boat* s'éloignait du quai en remuant de gros bouillons d'eau noire. Les voyages se terminent toujours. Il était vingt-deux heures, l'heure du retour. Le lendemain matin, je serais à Chypre, le soir à Paris. Mon regard restait attaché aux lumières de la côte. Jounieh, Bkerké, Dbayé, Dora, Beyrouth. J'avais voulu voir le Liban, j'avais été servi. Je m'en étais donné à cœur joie, du matin au soir, le nez en l'air, comme un chien courant. J'avais traversé des souks, des salons, des cols, des villages, des palais, des églises, des ruines, des souvenirs. J'avais rencontré des professeurs, des miliciens, deux présidents, une Béatitude, un vagabond, des pêcheurs, des émirs, des tripotées de moines. J'avais marché dans la neige, je m'étais baigné dans les eaux froides de janvier. J'avais entendu les balles ricocher sur les containers à l'heure où les muezzins lançaient leur mélopée dans la lumière violette du couchant. J'étais incollable sur le concile de Chalcédoine, le vin de Kefraya, les positions tenues par les brigades de l'armée, les trafics du cinquième bassin. J'avais vu des statuettes phéniciennes retirées des fontaines pétrifiantes de la mer. Toute cette mixture sombrait dans la nuit. Deux couples libanais, entourés d'une marmaille figée, continuaient, accoudés au bastingage, de regarder, comme moi, ce qu'on ne voyait déjà plus.

Ma cabine, étroite, surchauffée, prise dans les tremblements des machines, sentait le mazout. Je la fuyais. C'est au bar, entre des fêtards et des exilés, que je calais mes idées.

Le Liban, l'État, était un corps rétréci, amputé, saignant, ébréché, presque expiré. La Loi n'y était plus qu'un souvenir, l'Autorité une galéjade, la Prospérité le privilège de cliques puissamment armées.

Le Liban, le peuple, était un grand corps nonchalant, fêlé, hardi, généreux, cultivé. Doué d'une double nature : d'Orient et d'Occident, musulman et chrétien, démocrate et féodal, parlant arabe et français, pieux et pécheur, de la montagne et de la côte, mélancolique et gai. Il vivait sur une tombe, mais humanisait tout. Menacé par trois tentations — l'exil (le désespoir), la trahison, la débrouille —, il ne trouvait aucune raison, hormis la Providence, pour croire que tout cela finisse un jour. Il n'avait peur de rien. Pour les plus clairvoyants, l'avenir pourtant était un vertige.

Alors, Beyrouth abandonnée ? Oui, sans nul doute, malgré la réticence des aveux, malgré la confiance, malgré l'aveuglement, chaque bouche scellait un constat. Paris s'éloignait de Beyrouth.

Depuis l'assassinat de Delamare, depuis les prises d'otages, un nombre de Français réduit au minimum, travaillant sous la menace, exécutait de prudentes consignes. La présence française au Liban devenait une absence. L'oxygène maternel manquait. Le Liban, le peuple, se sentait seul, seul avec ses démons.

Chapitre III

L'ATTELAGE DE LA MULTITUDE

« D'abord exister, ensuite modifier, dit-il. Ce n'est que lorsque l'horizon politique sera dégagé que nous saurons s'il y a ou non une patrie. »

Gabriel García Márquez,
Le Général dans son labyrinthe.

Avril 1989-octobre 1990. — Chronique de l'insurrection morale du peuple libanais. — Où l'on voit Beyrouth sous les bombardements syriens, le général Aoun dans son bunker, les Américains comploter avec un joueur de poker, puis avec Samir Geagea et les Forces libanaises pour se débarrasser du « rebelle » de Baabda, les députés libanais signer l'accord de Taef et le peuple pèleriner pendant des jours pour réclamer des élections libres.

Il porte une tenue léopard et des mocassins noirs. Le visage est rond, la paupière lourde, l'œil sombre. L'arcature des traits ne montre pas de trace de fatigue. Le tourment semble proscrit de ces joues pleines. Malgré le *battle-dress,* cet artilleur, avec son air affable et rebondi fait plus cocker que léopard. Je l'imagine assez bien avec une casquette, en bourgeron de paysan, sur la place d'Ussel, Corrèze, ou de Bellac, Haute-Vienne, un jour de marché. Le regard est charbonneux et rapide, avec des lueurs de jovialité. La roublardise n'est pas loin. Pendant qu'il me souhaite la bienvenue dans son bunker de Baabda, un maître d'hôtel s'approche de moi avec du café : « Vous le prenez comment ? médium ? sans sucre ? » Ses cheveux lisses et son impassibilité ne me sont pas étrangers. Cette apparition, vaguement familière, sans être identifiée, dans cet endroit, me distrait et m'agace. Où ai-je pu rencontrer cette figure qui me *dit quelque chose ?* Je ne peux m'empêcher de chercher un nom sur ce visage. Aoun vient de décrocher son téléphone. Il pose sa main droite sur son genou en parlant. Il est très calme. Je me demande : qui est-il ? un Bonaparte de bazar oriental, le journal *l'Orient-le Jour* ne l'a-t-il pas déjà surnommé Napo-Aoun ? un officier putschiste qui prend sa vanité pour de la grandeur, condamné à l'avance à la défaite et au ridicule ? à qui ressemble-t-il ? qui l'inspire ? Salan ? de Gaulle ou Boulanger ? est-ce un joueur, qui risque son peuple et sa patrie comme il aurait joué sa solde sur une table de poker ou de canasta ? un Père courage ? un patriote ? tout cela à la fois ? Comment savoir... Fou ou saint ? criminel ou héros ? Le maître d'hôtel revient avec deux verres d'eau. Je revois tout à coup cette silhouette silencieuse, à la fois suave et raide, qui s'inclinait à l'identique, devant le bureau d'Amine Gemayel.

Les conversations des chancelleries annoncent depuis quelques jours le « départ » imminent du général Aoun. Les services syriens, le Hezbollah, et toute une théorie de miliciens de diverses obédiences veulent sa peau, avec la bénédiction des États-Unis. La mort est simple à Beyrouth. C'est un jeu d'enfants de trouver deux cents kilos d'explosif et un détonateur. Les artificiers courent les rues. Alors, pourquoi se priver ? Entre les murs blancs du bunker, je regarde cet homme déjà condamné à vivre enterré, comme tous les Beyrouthins, pour échapper au blitz syrien. Je le connais depuis cinq minutes à peine et pense à la place qu'il occupe sur la liste des hommes à abattre. Numéro 1. Je m'entends lui poser une question que la convenance aurait dû m'interdire : «Avez-vous peur de la mort ? » La porte du bunker, au même moment, s'est ouverte. Une jeune fille en fuseau, pull jacquard et ballerines, entre dans la pièce. Elle a entendu ma question et sourit. Aoun se retourne vers elle :

« Voici Mireille, l'aînée de mes trois filles. Elle travaille avec moi. »

Mireille a l'âge des surprises-parties. Elle tient à la fois de l'Asie et de l'Italie. Elle a le format délicat d'une danseuse thaïe, des yeux en amande, et la pâleur d'une madone toscane. Le Général la regarde et dit : « Le poids de la mort ne pèse pas sur moi. Par une sorte d'entraînement méditatif, j'ai toujours pensé ce problème comme n'en étant pas un. Cet événement me paraît normal. J'accepte totalement l'idée de la mort. Et puis quand même, n'oubliez pas que je suis un soldat ! » La jeune fille tend à son père une revue de la presse américaine. Elle n'a pas cessé de sourire.

Les Syriens, cette semaine-là d'avril 89, bombardaient Beyrouth à l'aveugle. Ils arrosaient la ville sans objectif précis. Cette absence de cible contribuait à entretenir une anxiété générale. Il n'y avait pas de quartier plus menacé — ou plus protégé — que d'autres. Le danger était partout. Les Beyrouthins sortaient des caves dès les premières heures de la matinée. Hagards, en survêtement. Des visages chiffonnés, des yeux voilés par l'angoisse, des barbes, des cheveux pendants, des paupières maquillées de fatigue. Remontés à la lumière éblouissante du jour, ils ne perdaient pas une minute de cette vie à *l'air libre.* Les hommes couraient, des bidons de plastique à la main, vers des points d'eau. Les femmes s'agglutinaient, parfois en vain, aux devantures entrouvertes des épiceries ou des boulangeries. Les enfants jouaient au football dans la rue en slalomant entre les gravats. Puis à seize heures, les rues se vidaient. Un couvercle de silence se posait sur Achrafieh ou sur Dora. La ville exsangue se tendait sous le soleil. Dans les caves, l'attente commençait. Elle ne durait jamais. Tout à coup le ciel grondait. Une fumée, puis une autre, s'élevait à la verticale des premiers impacts. Le sol tremblait. Les échos assourdis des explosions venaient mourir dans les entrailles des maisons. Les corps tassés dans les abris les enregistraient comme des sismographes. On allumait les transistors. La radio dressait en direct la carte des dégâts : « ... Tir de roquettes sur le Kesrouan... le Metn-Nord a été bombardé... »

A Byblos, lors d'une de ces journées rétrécies par les bombardements, j'ai rencontré une vieille femme, réfugiée du Liban-Sud avec toute sa famille dans l'appartement d'une cité de transit. Une peau épaisse enveloppait son vieux corps habité par le malheur. Quinze ans de guerre avaient transformé cette paysanne en noir en sac à misères. Redressée sur sa canne au milieu de la cuisine, entourée d'une garde d'enfants, elle évoqua sans décolérer ces exodes quotidiens qui la jetaient dans les abris : « Comme des rats... ils veulent nous faire vivre comme des rats.. » Elle frappait le carrelage de sa canne. Puis soudain sembla s'apaiser. Après un long silence, elle ouvrit sa bouche édentée et dit : « Que Dieu protège la France et les Français ! Que Dieu bénisse le général Aoun ! »

J'ai donné cent dollars à un chauffeur de taxi pour qu'il vienne me chercher, aux alentours de minuit, dans les hauts d'Achrafieh. Ce quartier résidentiel de Beyrouth, hier durement touché par les bombes, a aujourd'hui été épargné. La vieille Chrysler stationne à l'endroit convenu, tous feux éteints, sous un eucalyptus. A peine suis-je installé sur la banquette arrière que le chauffeur démarre en trombe. La voiture s'élance dans la nuit. Je proteste : « On a le temps ; tout est si calme... » Il refuse de lever le pied : « Plus vite on sera rentré, mieux c'est ; faut pas tenter le diable, ils peuvent taper d'un moment à l'autre... » Les rues sont désertes — aucune voiture — et noires. Nous roulons sous un ciel biblique, peuplé d'étoiles — figures des constellations, guirlandes d'astres solitaires, écla-

boussés par la traînée d'écume de la Voie lactée
—, qui toutes semblent proches, et dominées par
le camée d'une lune parfaite. La Chrysler gémit
dans les ornières. Elle longe des vergers, des vil-
las, des immeubles. Elle traverse des nappes de
fraîcheur parfumée. Beyrouth en avril sent la
fleur d'oranger. Du fond des jardins et des
parcs, du fond de la nuit montent des odeurs
fruitées. Il est une heure du matin ; le printemps
se déchaîne. Plus bas, l'haleine tiède de la mer
lèche la route de la corniche. Pas un bruit, seulement le clapotis des vagues. Achrafieh dessine au
bout de l'autoroute une forme sombre, aplati sur
sa colline comme un chien endormi.

Le lendemain matin, Beyrouth pue. Les
amoncellements d'ordures transpirent sous le
soleil à la croisée des rues. Des couloirs de
fumée transportent au-dessus de la ville des
odeurs de plastique et d'excréments brûlés. La
chaleur a réveillé la vermine. Les rats courent
dans les ruines. Je prends une voiture pour
Baabda. Sur la route, les blessures de l'asphalte,
écorniflures en étoiles, hachures ou gros enton-
noirs de 240, rappellent que les batteries
syriennes, apostées sur les crêtes d'Aley, ont le
palais présidentiel en ligne de mire. Je laisse mon
nom aux deux barrages situés à mi-côte, puis au
poste d'entrée de Baabda, et enfin aux faction-
naires qui contrôlent les points d'accès au bunker. Un jeune colonel, très pâle, dégarni,
presque chauve, avec des tempes grisonnantes,

une tête ronde, un nez un peu épaté, de fines lunettes et des manières douces d'intellectuel me fait signe de le suivre. Nous nous engouffrons dans l'escalier. Un souterrain, des soldats assis sur des bancs, avec leurs mitraillettes sur les genoux, une porte blindée. Le colonel appuie sur une sonnette. Un aide de camp nous fait entrer. Michel Aoun m'accueille avec un peu d'ironie : « Pensez-vous que vous allez vous habituer à notre vie en sous-sol ? » Il enchaîne : « Nous nous battons dans de mauvaises conditions. Oui, notre armée est inférieure à l'armée syrienne. Oui, notre situation diplomatique n'est pas exactement ce que nous pourrions souhaiter. Des observateurs étrangers, des hommes politiques libanais m'en font la remarque. Certains me reprochent de partir sans biscuit. Ils oublient une vérité de La Palice : une guerre de libération est forcément menée dans des conditions défavorables. Mais notre adversaire, aussi puissant soit-il, s'affaiblit dès qu'il opère en dehors de son territoire. Mao Tsé Toung n'avait pas forcément tort quand il parlait de tigres de papier. »

La voix est ferme, c'est la voix d'un homme sorti d'un petit village de rien du tout, d'une cambrousse du sud de Beyrouth, devenu soldat parce qu'il faut bien gagner sa vie, et que l'armée, pour ces gens de la campagne, modestes et pauvres, qui aimaient bêtement leur famille, leur village, leur pays, était un moyen honorable de mettre trois sous de côté à la fin de chaque mois. Aoun ne dégage pas cette puissance de fauve qui entoure parfois les grands hommes, il ne possède, et pour cause, ni l'aisance ni cette sorte de grâce à vivre, à bouger, à parler propre à ceux qui sont bien-nés. Il ne brille pas. Il est petit, de courts avant-bras sortent des manches retroussées de son treillis, sa silhouette manque de panache et de souplesse, sa conversation est lente, freinée par un français engourdi par l'arabe et l'anglais, amidonnée par une réserve, presque une timidité, la crainte des maladresses, de sorte qu'il a toujours l'air de se situer à son étiage. Il ressemble à ses deux aides de camp, le jeune et le vieux ; ensemble ils ont l'air de trois braves types, des grognards en treillis, trois soldats qui ne discutent pas, sans chichi, des hommes carrés, honnêtes, pas plus pas moins. Tout cela est vrai. N'empêche. Ce général qui n'ouvre la bouche que pour prononcer des paroles simples, « souveraineté nationale », « retour à la légalité », « les armées étrangères doivent quitter le Liban », « la loi est la même pour tous », dont la sincérité et la probité sont telles qu'aucun de ceux qui rêvent de lui planter un poignard entre les omoplates n'ose les contester, est un être singulier. Ce troupier, qui appelle un chat un chat, s'enflamme pour des évidences. Il parle d'expérience. Il a vécu l'humiliation infligée à son pays mort-né, comme tant d'autres Libanais, que j'ai rencontrés à Paris, Beyrouth ou Limassol, employés de banque, éditeurs, professeurs, marchands de voitures, jésuites ou poètes. Tous pleuraient de ne pouvoir tendre leur passeport, aux postes de douane des aéroports, qu'en détournant les yeux de ceux désormais toujours soupçonneux des douaniers.

Le Liban, mis au ban de la conscience internationale, les Libanais, inscrits d'office sur la liste rouge des criminels, connaissent depuis quinze ans une formidable descente aux enfers. Ces noces prolongées avec le diable ont donné lieu à un joli festin. Il y eut toujours beaucoup de monde autour de la table pour tenir d'une main charitable la jarretière de la mariée, pendant que d'une autre on la privait de sa chair, de sa mémoire et de ses jeunes traditions. Elle fut dépecée sur place. Les convives voulaient à toute force faire rendre gorge à sa douceur, dissoudre ses bonnes manières dans l'acide des fanatismes. Noces barbares d'un pays qui entrait à peine, et sur la pointe des pieds, dans l'âge des nations, roulé dans la farine, dupé, étranglé, avant même d'avoir conscience d'exister. Son agonie ricanante fut une bonne affaire. Israël et la Syrie firent du royaume du cèdre, du miel et du lait, une poubelle inespérée, où jeter leurs problèmes, leurs Palestiniens, leurs débordements de haine. Des Libanais, rendus fous par l'odeur de la mort et de l'argent, se mirent à leur table, avec un solide coup de fourchette. On leur jetait un os à ronger. La canaille attire la canaille, sous tous les cieux et de tout temps. On en vit de belles espèces, chrétiennes, shî'ites ou druzes, s'en mettre plein les poches. Trafiquants d'armes, de drogues, de passeports, mais surtout : trafiquants d'idéal, car tous, dans le cloaque jusqu'au cou, justifiaient leur présence par une noble cause. Les miliciens de tous poils et de toutes religions parlaient de résistance, de socialisme, de Dieu, de n'importe quoi, sans cesser une seconde de penser à leurs comptes numérotés en Suisse, éternelle patrie des trésors miliciens. Ils en avaient plein la bouche du Liban, de son indépendance, alors qu'ils ne songeaient qu'à rouler dans des voitures plus larges que leurs routes, et leur ambition nationale n'allait jamais plus loin que les limites de leur canton. Ils regardaient ces petits Liban, ces réductions miniatures, ces mouchoirs de poche, où déjà ils faisaient régner leur loi. Et ils rêvaient. Ils rêvaient de Monte-Carlo ou des îles Caïmans. Ils rêvaient de casinos, de compagnies offshore, de banques portant leur nom et celui de leurs frères, de leurs cousins. Ils rêvaient d'être un jour tenanciers de la maison Liechtenstein à Beyrouth, et c'est ainsi qu'ils ont fait de leur patrie une maison de passe. Ils ont trompé leur monde, leurs gens, leurs familles, leurs soldats. Ils ont amusé la galerie avec de fausses guerres, qui faisaient de vrais morts. Le

Liban est devenu un bourbier. Les crises ont succédé aux crises. Quand elles tardaient à venir, ils les provoquaient. Ils se chamaillaient à coups d'artillerie. Feux, contre-feux, cessez-le-feu. Le martyre du pays était leur fonds de commerce. Il dégageait déjà de solides encaisses. Ils tiraient sur la corde, ils abîmaient leur peuple, ils usaient leur patrie. Qu'importe! Ils étaient craints, l'argent rentrait.

J'ai dit qu'Aoun parlait en homme simple. J'ai dit que la prestidigitation n'était pas son fort. Mais sa voix est celle d'un homme hanté par le Liban. Elle écarte le mensonge, les faux-semblants, les fariboles. Elle parle pour tous ceux dont la voix est confisquée, et qui, à force de ne plus pouvoir parler, ne peuvent plus croire. Elle réconcilie le Liban avec les Libanais. Elle fait tomber les masques. Sa vérité prend force dans sa pauvreté. Il est cru parce qu'il est pauvre. Il parle de renaissance, d'une nouvelle naissance ou d'une vraie naissance du Liban.

Sa première estrade fut modeste. Il était lieutenant, à Saïda ou à Tripoli, et il s'adressait à quelques va-nu-pieds : ses soldats. D'abord avec ses compagnons, puis avec les compagnons de ses compagnons, puis avec l'armée libanaise presque entière, il a réchauffé de vieux idéaux. Il simplifiait. Patrie, démocratie. Il se méfiait de l'intelligence, parce que l'intelligence politique à Beyrouth, cynique, nourrie de byzantinisme, alliée du laxisme, et dopée par l'argent, avait trop souvent travaillé dans le même sens ; elle accouchait de chapelets de combines. Loin des salons, des cercles d'officiers d'opérette, se gardant des malentendus, des compromis, des discussions qui poissent la cervelle — la volonté, la raison, l'imagination —, il s'est construit une idée du Liban, et l'a fait partager. Il a fédéré les indignations, les révoltes. Il a surmonté la honte. Il a une grande ambition, pour son pays, qui est petit. Il est digne. Voilà pourquoi sa conversation, sans esbroufe, sans étincelle, impressionne si fortement tous ceux qui l'approchent. On lui reprochera pourtant d'être un *idéaliste,* un Don Quichotte ? Le Liban était peuplé de moribonds et de gangsters. Il sentait la pourriture à plein nez. Il était occupé par des armées étrangères. Est-ce un crime d'être idéaliste, ou la condition nécessaire à la rédemption ?

Souk-el-Guarb, un après-midi d'octobre 1989. Ce village de montagne, accroché au balustre d'une falaise, est le verrou de Beyrouth. Vu d'en bas, il semble intact. Illusions. Le ciel est le seul toit de l'église Saint-Georges. La chaire pend au mur, privée d'escalier. La maison de monsieur Hatti, médecin pédiatre, est dévastée ; l'auberge Nader, rasée. Rien n'a été épargné. Le parvis de l'église domine la côte. En contrebas, j'aperçois Beyrouth, Zouc, Jounieh. Avant la guerre, on montait à Souk pour respirer, pour s'ouvrir les poumons quand la chaleur asphyxiait la plaine. C'était l'une des plus belles terrasses de l'Orient. Deux familles s'accrochent encore aux vestiges de ce petit paradis. Jean était jardinier du couvent. Il a soixante-treize ans. Ni lui, ni ses fils n'ont pu travailler depuis des mois. L'armée les ravitaille tous les jours. Jean refuse de partir. Même descendre aux abris, quand les obus dégringolent, lui répugne : « J'en ai marre, et puis je suis têtu. S'il faut partir, je préfère que ce soit chez moi. » Le 13 août, un obus est tombé sur sa maison. Le silence succéda à l'explosion, un silence effrayant, pendant que la poussière recouvrait tout. Le vieillard, à moitié assommé par le bruit, comme un aveugle dans un nuage de terre et de plâtre, fit l'appel de ses fils, de sa voix cassée, pour savoir qui était mort, qui était vivant : « ... Fadj... Khalil... » Ils ont répondu tous les deux.

Le lieutenant qui me guide m'emmène saluer sa section, au repos dans l'obscurité d'un cantonnement, à l'abri des sacs de sable. Des hommes dorment, d'autres rêvent. Un barbu de vingt ans écrit. Il tient son cahier sur ses genoux. Pour qui sont ces poèmes ? Pour sa fiancée ? Il rit : « Non, j'écris des vers patriotiques... » Des bandes de cartouche 12,7 sèchent sur le sol. La pluie du matin a tout détrempé. Les soldats ont les yeux rouges de fatigue. La jeep reprend sa ronde. Le lieutenant me tend la parka d'un treillis. Raidillons, bosses, tranchées, petits ravins ; la jeep avale tous les accidents du terrain. Le lieutenant allume une cigarette. Il montre du doigt les positions syriennes. « Ici, près de ce toit rouge... à 300 mètres... là-bas, derrière cet arbre, des chars... » De temps en temps, une rafale s'échappe de ces points à la fois proches et lointains et nous force à nous mettre à l'abri. Le cessez-le-feu n'est jamais parfait sur le front. D'un côté comme de l'autre, on tire dès qu'on aperçoit une agitation inaccoutumée. Nous roulons maintenant sur un chemin de crête. Je reconnais des lieux que j'avais vus de nuit en avril dernier. Ici même, dans une ferme aux défenses renforcées, en première ligne, nous avions pendant plusieurs heures parlé avec des soldats. La flamme d'une bougie éclairait la ronde de quinze visages. Ces garçons — le plus âgé avait vingt-deux ans — tenaient le front depuis longtemps. Les bombardements, les replis dans les abris, les tirs de contre-batterie, les rondes et les permissions dans leurs villages, voilà tout ce qu'ils savaient de la vie. Boutros, le sergent, cheveux courts, barbe épaisse, regard pacifique, avait parlé de chacun de ses hommes, musulmans et chrétiens. Question : « Que pensez-vous d'Aoun ? » Réponse : « On se bat depuis longtemps. Il est souvent arrivé qu'on ne sache pas pourquoi, le général Aoun nous a mis les idées en place. Il nous a fixé un but : notre indépendance. Dites bien que nous ne défendons pas le réduit chrétien, mais tout le Liban. »

Après une journée en jeep dans la montagne, je retourne à Beyrouth. Dîner dans le bunker, sans protocole. Autour de la table, l'émir Farouk Abillama, secrétaire général des Affaires étrangères, un général, et Michel Aoun. La conversation est un curieux mélange. Je demande à Michel Aoun : « Pourquoi ne pas envoyer des commandos de l'autre côté, attaquer des militaires syriens ? — C'est à la population de réagir. Tout ce que je pourrais organiser avant que les gens de Beyrouth-Ouest aient bougé serait du terrorisme. — Mais justement, qu'est-ce qui vous empêche de poser des bombes à Damas ? — Si on met des bombes à Damas, une opération relativement facile, entre nous, on utilise l'arme préférée de nos ennemis, qui est le terrorisme. J'ai une position de principe sur le terrorisme, je suis contre, je m'y tiens. » Vers une heure, je quitte les lieux ; mais avant de partir, je me promène dans les couloirs du Palais. J'aime Baabda la nuit. Des soldats veillent sur des lits de camp, tout habillés, avec leur Zic ou leur Kalashnikov dans les bras. Par les béances du plafond, percé de toute part, au-dessus de leurs têtes, j'aperçois la Grande Ourse.

Après six mois de guerre, le palais de Baabda n'est plus que ruines. La forêt de pins qui l'entourait est détruite. Arbres mutilés, troncs hachés par les éclats. Un drapeau libanais est pendu à ce qui reste de fronton. Des parois entières ont été soufflées, les toits écroulés, toutes les vitres brisées. Des ouvriers s'activent. On répare, on reconstruit, on consolide. Certains murs affalés sont flanqués de remblais de terre ou de plaques de ferraille. Dans des bureaux sans parois, des hommes téléphonent. Ici comme partout dans tout le Liban, la vie redémarre au quart de tour. Les Libanais ont une façon unique de retrousser leurs manches après l'Apocalypse. Michel Aoun a convoqué un jardinier pour qu'il replante des fleurs : « Au moins de façon symbolique, une maison sans fleurs, c'est toujours moche. » Les visiteurs du Général font antichambre dans un salon à trois murs. Les fauteuils tournent le dos aux gravats et aux rideaux déchiquetés. Un maître d'hôtel (toujours le même, celui d'Amine Gemayel), sert le café en gants blancs. La gaieté surréaliste de la scène et la bonne humeur des visiteurs effacent la tristesse de toutes ces destructions. 20 000 maisons ont été touchées à Beyrouth en six mois de guerre contre les Syriens. Chacun a eu sa part. De nombreuses demeures n'ont plus l'eau courante. Des jeunes filles en noir dans les rues portent le deuil des 1 000 morts de l'été. Pourtant on raccommode partout les façades ; on efface les plaies, qui disparaissent sous des cicatrices de ciment clair. La guerre a ravagé le pays. Combien d'années, déjà, pour les enfants d'Achrafieh ou de Dora, passées à se terrer dans les caves ? Combien d'années, déjà, pour ces vieillards de Jounieh, à regarder s'éloigner les bateaux d'exilés ? Combien d'années, pour les hommes de la montagne, à courir avec la mort en bandoulière ? Personne ne compte plus vraiment. Et pourtant la vie continue. La vie ; sans électricité, sans lumière, sans téléphone, mais avec le sourire. Mauriac avait raison, qui parlait de ce petit peuple éternel, « toujours le même depuis le commencement du monde, car le Liban est un creuset, et de toutes les races, il en a composé une qui ne ressemble à aucune autre ».

Je suis parti plusieurs fois pour Beyrouth avec Jean-François Deniau. En janvier 1989, c'était dans un avion du GLAM. Le plus difficile avait été de trouver la base de Villacoublay, perdue dans le brouillard. Cinq heures plus tard, Beyrouth surgissait dans un virage, à la verticale de l'avion : longue cité couleur de terre, enrobée dans le miel rose du couchant, entre les neiges du Mont-Liban et le miroir de la mer. Les pointillés d'une nature épaisse coupaient en deux le cœur de la cité. Vue d'en haut, la *ligne verte* de la frontière entre l'Est et l'Ouest était une évidence. Les grésillements de la radio emplissaient la cabine du Mystère 20. Le pilote avait pris contact depuis vingt minutes avec les techniciens

syriens de la tour de contrôle. Jean-François Deniau engagea une balle dans le canon de son pistolet. Quelques instants plus tard, l'avion roulait
sur la piste de Khaldé, contrôlé par les soldats
d'Assad, le long des hangars crevés par les
bombes. Paul Blanc, le colonel Ruggeri, et Jean-
Claude Labourdette, attendaient celui qui était
alors l'envoyé du gouvernement français.

Le cortège s'était rué dans la circulation du
soir. Hurlements des sirènes, appels de phares,
coups de reins des carrosseries. « Si on s'arrête,
on peut se faire tirer comme des lapins ! » me dit
Labourdette. Pour éviter les chasseurs, la vitesse
était la meilleure protection. Tout embarras de la
circulation était donc anticipé. Soit le cortège
faisait demi-tour, modifiant en permanence son
itinéraire, soit un des membres de l'escorte se
précipitait hors de la voiture. Il courait sur l'asphalte en éclaireur. Sa mitraillette gonflait son
blouson. Il invitait les voitures à circuler ou à se
garer, et il était obéi. C'était un plaisant spectacle
que de voir un homme de la police parisienne
régler le trafic d'une ville interdite aux Occidentaux. Notre convoi progressa rapidement
jusqu'au passage des Franciscaines. Virages,
coups de frein, brèves reculades, tournis. La nuit
tombait quand nous entrâmes dans Beyrouth-
Est. Les conducteurs éteignirent leurs phares
pour grimper Hazmieh. Toujours l'obsession de
ne pas offrir une cible trop facile. L'ombre pesait
sur les collines de pins.

Le voisinage du danger et la défense d'une cause désespérée donnaient des ailes à Jean-François Deniau. Arrivé à l'ambassade, il parla pendant deux heures. Sa conversation était un mélange : politique, grande culture, fausse naïveté, visions. Une batterie de sourates, des vers d'Apollinaire, et quelques révélations sur l'histoire secrète des Templiers formaient l'arsenal de ses bottes secrètes.

Le Liban l'occupait depuis 1971. Il était chez lui entre Saïda et Byblos. Il embrassait les shî'ites, pas les sunnites. Hussein Husseini lui faisait rendre les honneurs militaires. Il continuait d'ailleurs, malgré la ligne de démarcation, de faire comme s'il n'existait qu'un seul Liban. Il offrit à des notables musulmans, dont Salah Stetié, poète-diplomate, un déjeuner à Clemenceau le lendemain de notre arrivée, dans les locaux de l'ancienne chancellerie, à Beyrouth-Ouest, remis à neuf après avoir été dévastés. Une rafale de Kalashnikovs ponctua la fin de ce repas. Les balles sifflèrent au-dessus des voitures. Avertissement. Deniau compta les coups sans s'émouvoir.

Ministre ou marin, il cherche toujours les clefs d'un monde viable. Il veut raison garder sans se priver de l'intelligence des rêves. Pendant les combats du printemps, Deniau, envoyé spécial du gouvernement français, fut pris pour cible par les artilleurs syriens. Il accomplit sa mission sous les obus. Les Deniau sont vénérés au Liban. Et les Libanais ont décerné à Frédérique, sa femme, un brevet de péguysme appliqué à leur patrie. Citation : « Elle fut parfois seule à avoir raison et ne perdit jamais courage. Lutta contre les hypocrites et réveilla les endormis. »

J'étais revenu à Beyrouth avec Jean-François Deniau, en ce mois d'octobre 1989. Nous avions voyagé sans papiers d'identité, sans visa. Deniau répondait au nom de Prévost. Officiellement nous n'étions pas au Liban. Un Beechcraft nous avait transportés via Rhodes jusqu'à un morceau d'autoroute transformé en aéroport, à Halate. Un entretien avec Michel Aoun avait occupé le début de notre soirée.

Nous étions les deux clients d'un hôtel de la montagne. Immense bâtisse, dressée sur un éperon, au milieu des pins. Des obus avaient fait des trous dans les murs, et soufflé des vitres. Nous avions dîné seuls dans ce palace des courants d'air.

Le lendemain, Michel Aoun nous donna une lettre pour François Mitterrand. Jean-François Deniau en fut le messager. La voici :

Baabda, le 29 octobre 1989.

Monsieur le Président,

Nous sommes tous, d'une certaine façon, des héritiers. Vous savez comme moi, mieux que moi, quels liens nos peuples ont pu tisser par le passé. Mais nous sommes aussi, pourtant, sinon à quoi bon ? Responsables de nos actes, de nos engagements. Je suis né et j'ai grandi dans un village de la banlieue sud de Beyrouth. Nombre de mes camarades d'école étaient musulmans ; j'étais chrétien. Les grandes occasions, mariages ou enterrements nous réunissaient. Nous fréquentions d'un même cœur l'église et la mosquée. C'est cet héritage multiconfessionnel que l'on veut faire disparaître. C'est pour cette idée, pour sa souveraineté que je me bats. Une défaite, ici, maintenant, ne sera pas sans conséquences, chez vous, demain. J'ai lu la semaine dernière que trois tchadors bouleversaient la France. Une des grandes affaires de notre siècle finissant sera, à n'en pas douter, la confrontation entre l'Islam et la chrétienté. Il y aura dialogue, ou pas. Accepter la disparition du Liban, c'est se priver d'une terre où ce dialogue a été depuis longtemps plus qu'une réalité quotidienne, une culture constitutive, une façon de se présenter devant le reste du monde. L'Histoire sera un jour comptable de nos actes. Il est peu d'hommes aujourd'hui vers qui je puisse me tourner, parler, et être entendu. Vous êtes le seul parce que vous êtes français, parce que vous êtes un homme de culture et d'histoire, parce que vous êtes en charge des intérêts de la France et que ceux-ci sont plus grands que les limites de l'Hexagone.

J'ai aujourd'hui un véritable problème de conscience. Vous avez, naturellement, été informé de l'essentiel des accords de Taef. On me dit que la diplomatie française, comme celle de toutes les grandes puissances, est en faveur de leur mise en œuvre très rapide. J'ai fait savoir publiquement que je n'avais aucune objection aux plans de réforme politique qu'il comporte. En revanche, quand je lis les textes complets et les formules censées s'appliquer à la restauration de l'indépendance libanaise, à la fin des occupations étrangères et à la définition des rapports futurs avec la Syrie, je suis profondément inquiet. Ai-je, encore une fois en conscience, après des années d'attente et de sacrifices, ai-je le droit d'accepter ces phrases qui consacrent le rôle de la Syrie, placent pratiquement tous les gouvernements sous son influence, donnent pour la première fois par écrit une justification à sa présence et à son action, avec uniquement pour son retrait des calendriers vagues et des engagements ambigus ? N'est-il pas légitime et indispensable que des précisions publiques, internationalement garanties, soient apportées à cet accord ? Actuellement la Syrie peut interpréter ce texte comme elle le veut. Les Libanais sont désarmés. On me demande des gestes de compréhension. Ils ne peuvent être dans ce contexte que des gestes d'abandon.

Je ne veux pas se laisser créer l'irréversible. Mais risquer à nouveau l'affrontement militaire et les souffrances de la population civile, à l'ouest comme à l'est, est une responsabilité écrasante pour un homme public. Vous connaissez les circonstances de la réunion de Taef et les pressions exercées. Les députés présents à Taef n'ont pas reçu l'investiture du suffrage universel depuis 1972. Aucun Libanais de moins de quarante ans n'a pu voter pour eux. Ces députés peuvent-ils vraiment engager l'avenir du Liban ?

Des juristes me signalent que je pourrais, dès maintenant procéder à la dissolution de l'Assemblée nationale. Cette opportunité couperait court aux manœuvres engagées contre la souveraineté nationale libanaise. D'autres me disent qu'il serait plus souhaitable d'obtenir d'urgence une réunion du Conseil de Sécurité. Il apporterait les interprétations et les précisions qui aujourd'hui nous font défaut. L'urgence me presse. Je le saisis dès ce matin. Mais, bien sûr, il s'agit d'un problème international de fond, et pas seulement de procédure, de l'avenir d'un peuple et d'un principe, et pas seulement d'un problème de frontière. Le Liban est plus qu'un pays, c'est une idée. C'est pourquoi je m'adresse à vous. A qui d'autre pourrais-je m'adresser dans ces circonstances ?

Le général Aoun, d'après mes informations, ne reçut jamais de réponse.

Beyrouth, janvier 1988. Derniers jours d'Amine Gemayel. Le Liban flirtait toujours de façon appuyée avec la guerre, depuis treize ans. Oui, la guerre mutilait le pays, réduit à sa portion congrue par les Syriens et les Israéliens. Oui, la guerre sabrait dans les villes, dans les villages, dans les vies. Oui, la guerre était passée sur des familles et des quartiers entiers. Mais le pire n'était pas dans ces destructions. Le vrai saccage était celui des esprits. J'ai rencontré alors des Libanais au bout du rouleau. Ils croyaient devenir chèvres. Leur énergie balbutiait. Ils n'enviaient plus rien. D'où venait ce désespoir ? Leurs morts ? Leurs morts vivaient dans leur conversation, ils priaient pour eux, ils les pleuraient. Leurs maisons détruites ? Il en faut davantage pour démoraliser un Libanais. Alors ? Karim m'a donné la réponse un soir, dans son appartement d'Achrafieh : « Le vrai drame du Liban est silencieux, et presque invisible. Il se déroule dans l'intimité des familles, quand chaque jour, des parents disent à leurs enfants : " Faites votre valise, partez, il n'y a plus rien à attendre ici, plus rien, et surtout, oubliez ce pays et même ce nom : Liban ! " » Un bateau quittait Jounieh tous les soirs. J'ai parlé avec ces émigrants : « Pourquoi ? — Nous sommes chassés par la honte. — La drogue ? le terrorisme ? — Pire que cela. Il n'y a plus de pays, plus d'État, plus d'ingénieur, plus de professeur. C'est foutu... » La grande alliée du gang des seigneurs de la guerre était l'inflation. Elle torpillait les classes moyennes, privait les plus pauvres des Libanais des vertus du travail et de l'épargne. En revanche, elle remplissait les coffres des trafiquants. Les BOF beyrouthins étaient légion. Spécialités : armes, drogues, spéculation contre la livre libanaise, voitures volées. Au choix. Les profits foudroyants d'une économie de guerre décourageaient la population — le travail ne paie plus —, et rameutaient les marchands du crime. Ils commercialisaient la survie. Mais les Libanais ne voulaient pas survivre. Ils ne se plaignaient pas. Ils pliaient bagage avec le sentiment d'être abandonnés par le monde entier, et aussi par eux-mêmes. Une fatalité tragique semblait s'abattre sur ce peuple soudain à genoux et prêt à poser sa tête sur le billot, peuple de moribonds, de désespérés, d'escrocs. L'Homme commença d'être homme au Liban. Byblos est la plus vieille ville du monde. La Bible nous dit que Jésus, sous Ponce Pilate, se retira dans la région de Tyr et de Sidon pour y accomplir son premier miracle. Tout cela était oublié. Perdu. Le cœur était touché.

Aoun débarqua dans cette défaite avec des idées simples. Il ne pesait pas lourd, mais à l'étonnement des moribonds eux-mêmes, il ranima « l'espérance folle ». Il faisait peu de phrases. Son évidente morale mettait d'office les entremetteurs au placard ; elle les déclassait. Les conciliateurs se scandalisaient ; les diplomates s'étonnaient ; les silencieux revivaient.

Le général Barakat n'aimait pas Aoun. Il s'en allait volontiers dans Beyrouth en répétant :

« J'ai été général avant lui. Ce type n'est qu'un petit colonel qui s'est fait mousser. » Barakat était un joueur de poker, qui veillait chaque soir. Le samedi, il s'aérait en jouant au tennis avec Paul Blanc, l'ambassadeur de France, puis partait après sa partie pour Zghorta, chez le président Frangié. Il devait beaucoup à Frangié, qui l'avait sorti d'un mauvais pas avec les Syriens en 1978.

Quand les Américains avaient cherché quelqu'un pour dégommer Aoun, Simpson, le premier conseiller, avait tout de suite pensé à Barakat. Barakat préférait ne pas s'exposer de façon trop téméraire, mais il avait fini par accepter. Il souhaitait seulement que l'opération soit bien préparée pour limiter les risques. Les Services américains avaient ourdi des plans, tous plus tordus les uns que les autres. L'affaire s'avéra sur le terrain trop délicate. Le général Barakat retourna à ses parties de poker et à son tennis.

Les Américains, pendant l'été 1989, prirent les députés libanais par la main pour les conduire à Taef, des députés dans l'ensemble très âgés, moralement et physiquement, très las de toutes ces guerres et de toutes ces querelles qui autrefois les amusaient, fatigués du Liban pour tout dire, à un point tel que certains devaient fournir des efforts considérables pour s'arracher à leur résidence de Neuilly, de Paris ou de Cannes — le moins souvent possible —, et venir saluer leurs électeurs, toujours les mêmes depuis vingt-trois ans déjà, non que le corps électoral libanais fasse preuve d'une remarquable stabilité, mais tout simplement parce que personne n'ayant jamais pu voter, leur mandat initial était, par là même, reconduit.

A Taef, les Séoudiens ont dorloté les parlementaires. Des personnages du *State Department* ont tenu avec eux des conversations très importantes, elles aussi. On les prenait au sérieux enfin. Ils dormaient bien, dans de bons lits, dans de bons hôtels ; les nuits étaient calmes ; ils n'entendaient jamais l'écho d'une mitraillade. Des médecins s'occupaient, gratuitement, de leurs petites santés. Ils livraient leurs mollets et leur dos aux doigts agiles des masseurs. La nourriture était abondante et de premier choix. Ils avaient de bonnes nouvelles de Beyrouth : le Patriarche priait pour eux, pour la Paix, pour *la réussite de leur mission*. Les diplomates des plus grands pays du monde, des Américains, des Russes, des Français, leur donnaient des tapes amicales dans le dos. L'émissaire des Forces libanaises était aux petits soins et les Syriens, franchement, n'étaient pas désagréables.

Il aurait fallu des héros pour résister à Taef. Les députés libanais n'étaient que des parlementaires sans électeurs, des hommes aux lèvres usées par les palabres, des marchands de tapis, qui ne croyaient plus en rien, et avaient envie de s'abandonner au confort et à l'argent de leurs hôtes, ainsi d'ailleurs qu'aux sublimes coups de pied que ceux-ci ne manquaient pas de leur balancer dans les tibias dès qu'ils cessaient de ne plus penser. Je demandai un jour à un diplomate de haute volée, un homme corpulent et sanguin, qui faisait semblant d'être sourd : « Mais sont-ils tous corrompus ? » Il entendit parfaitement ma question et partit d'un rire énorme en m'entraînant à l'écart des conversations du salon où nous nous tenions : « Il y en a peu d'honnêtes parmi eux, un pour cent au maximum. Comptez vous-même. Il y a une quarantaine de députés de l'Est à Taef. Cela veut dire que moins d'un demi-député est honnête ! Sur quarante bonshommes ! Ah ! Ah ! Ah ! Une demi-portion sans corruption ! Ah ! Ah ! »

Les mandats de ces députés étaient bien défraîchis ; leurs réunions parlementaires n'étaient que de brèves fictions pendant lesquelles ils se dépêchaient de s'auto-prolonger et d'augmenter leur traitement. Ils adhérèrent à Taef. Fallait-il les juger sévèrement ? Après tout, une chambre aussi vigoureuse que celle du Front populaire n'avait-elle pas voté les pleins pouvoirs au maréchal Pétain ? Les députés maronites signèrent pourtant l'accord de Taef au grand dam de leurs collègues musulmans de l'Ouest, qui pouvaient se permettre de s'offusquer, et de signer, puisque le fusil syrien restait braqué sur leurs familles. Ce fameux accord aurait dû mécontenter tout le monde. On avait voulu un compromis, mais on s'était fourvoyé. La Syrie, les milices : chacun en prenait pour son grade. L'unanimité se fit pourtant autour de ce ratage. Taef, chef-d'œuvre de camouflage, n'avait qu'un objectif : inventer n'importe quoi pour se débarrasser d'Aoun. Taef prévoyait l'élection d'un président de la République. Le locataire de Baabda devait céder la place ; la carpe pouvait embrasser le lapin. Les députés paraphèrent le complot.

La dernière semaine d'octobre 1989 fut sinistre à Beyrouth. Les députés avaient quitté Taef. La honte leur collait aux fesses. Ils n'osaient pas rentrer chez eux. La troïka arabe les promena d'une capitale à l'autre. Alger, Rabat, Paris. A Beyrouth, les esprits fermentaient. La tristesse montait. Les conversations, toutes les conversations, celles de la rue, des cafés, des salons, remâchaient la trahison. Les députés, logés, nourris et blanchis par le Syrien propriétaire du Royal Monceau, étaient partout raillés et voués aux gémonies. « Nous sommes foutus, d'accord, mais nous préférons le suicide, la mort en résistant, plutôt que de donner, avec l'aide de ces députés maronites, ces traîtres, le Liban aux Syriens. » Les Libanais savaient que Taef dégommait Aoun, et ne voyaient personne pour le remplacer, pour empêcher le retour des mufles et des gangsters. Ils frissonnaient à l'avance d'être dépouillés d'une dignité fraîchement reconquise. Ils tournaient en rond, se cognant sur les évidences d'une *Realpolitik* qui les sacrifiait aux intérêts de la Syrie et d'Israël.

J'ai assisté, pendant ces sombres journées, au défilé des processionnaires, ambassadeurs, chargés d'affaires, premiers conseillers, qui *montaient* à Baabda. Tous, fanatiques, mielleux, aigres, catégoriques, gentils, suppliants ou méprisants, pressaient Aoun d'accepter Taef. Ils le menaçaient, ils le flattaient, ils lui parlaient comme à un enfant qui a fait une bêtise. Ils lui faisaient miroiter un exil doré et honorable en Europe, ils lui promettaient une carrière, un ministère ou, s'il préférait, une villa sur la Riviera de son choix, pourvu qu'il fiche le camp. Aoun les voyait venir. Il accueillait leurs courbettes et leurs coups de menton sans se départir de sa sérénité. Son calme les énervait. Pour la première fois, Kolotocha le Soviétique, l'un des *coming men* de la diplomatie gorbatchévienne s'emporta. Il promit à Aoun la finlandisation du Liban. « Que les Syriens viennent me chercher, ici... », lui répondit Aoun.

La rue était en fièvre. Dans les rangs des marchands de fleurs, des militaires, des banquiers, des médecins de l'Hôtel-Dieu, dans les rangs des avocats et des chauffeurs de taxi, on ne parlait que de la situation. Toutes les petites histoires que les gens se racontent d'habitude quand ils se rencontrent étaient proscrites. Chacun avait remisé ses chimères, ses misères, ses rêves égoïstes. Seules les relations internationales et le destin du Liban semblaient dignes d'être évoqués. Les langues remuaient des tombereaux d'hypothèses.

Sous le chaudron beyrouthin brûlait un feu étrange. La foule se préoccupait de questions morales. Elle invoquait la démocratie. La puissance de l'argent était contestée. La critique de la société venait en renfort des idéaux patriotiques. Les Libanais, la figure encore brouillée par les épreuves de l'été, repoussaient la tristesse de Taef en parlant de l'avenir.

« La Méditerranée baigne nos rivages et nos villes. Nous sommes les héritiers de trois villes, Jérusalem, Athènes et Rome. Nous avons mis l'alphabet, et notre identité, dans la corbeille du mariage méditerranéen. Nous sommes toujours restés au cœur des civilisations grecque, romaine, byzantine et arabe. A l'époque de la décadence ottomane, Beyrouth restait proche de Rome et de Paris.

« Pourquoi revenir sur le passé ? Parce que, dans leur persistance à fomenter des troubles et des complots, nos ennemis ont voulu nous en séparer. Ils ont réussi à lasser le monde, à le désespérer quant à notre pouvoir de survie, et à le convaincre qu'il ne saurait y avoir d'autre solution que de sacrifier l'agneau au loup. Ils ont persuadé le monde que nous étions à l'origine des méfaits et des malheurs nommés prises d'otages, actes de piraterie, assassinats d'ambassadeurs. Ils ont réussi à persuader la communauté internationale de se désister de sa responsabilité et de leur confier cette parcelle de terre pour qu'ils en fassent leur affaire. C'est ainsi qu'ils purent obtenir à Taef ce qu'ils n'avaient jamais pu obtenir par le canon et la destruction systématique de nos villes, de nos hôpitaux, de nos mosquées, de nos églises.

« Nous sommes un grain de sable et nous allons tenter d'enrayer la machine qui doit nous broyer. Certains s'étonnent du silence des habitants de l'Ouest, en majorité musulmans. Ce silence ressemble pourtant à ce qu'était, il n'y a pas si longtemps, le silence de Varsovie ou de Prague. » Entretien avec Michel Aoun, le 3 novembre 1989.

Il faut bien reparler des Forces libanaises, de leur histoire, de leur politique, de leur rôle dans Taef. En 1974, le 13 avril, après les tragiques incidents d'Aïn-Remmaneh, Béchir Gemayel avait entendu son père, Pierre, supplier le président de la République, le commandant en chef de l'armée, le chef du Deuxième bureau, de faire intervenir l'armée pour obliger les Palestiniens à respecter la loi. Tous ces importants personnages avaient refusé. Béchir dira au Père Selim Abou : « J'ai aussitôt compris, et d'autres jeunes gens avec moi, que l'armée n'était pas capable d'assurer notre sécurité... » Les Forces libanaises sont nées de cette carence. Béchir, l'enfant terrible, deviendra l'âme de cette résistance chrétienne en armes. Elle a fait son boulot, et même parfois plus.

Depuis 1986, la milice chrétienne, contaminée par l'argent, grisée par l'exercice de sa propre force, oublie peu à peu l'esprit de ses origines. Bureaucratisées, brutales, les Forces libanaises n'obéissent plus qu'à leurs instincts. Le « docteur » Geagea prend à leur tête une revanche. Il n'était rien, le voilà puissant. Bientôt il se lassera d'être seulement puissant, et souhaitera être respectable. Le résistant voulait devenir ministre. Autour de lui, certains chefs historiques désertent. D'autres restent à leur poste en espérant des jours meilleurs. L'arrivée d'Aoun et la restauration de l'armée privent les Forces libanaises de raisons d'exister, et mettent en lumière leurs fâcheuses faiblesses.

Le Patriarche avait cru ramener la paix dans le camp chrétien en favorisant en février 1989, un accord de paix entre Samir Geagea et Michel Aoun. Sur les marches de Bkerké, Samir avait proclamé : « Cette guerre entre nous est terminée. » Quelques heures plus tard, il réunissait le premier cercle de sa nomenklatura pour préciser : « J'ai dit là-haut (à Bkerké) que le combat était fini. En réalité, c'est aujourd'hui qu'il commence. A partir de maintenant, la " résistance " n'a plus qu'un objectif : l'élimination de Michel Aoun. Tout nous sera permis. Il nous faudra beaucoup de patience et beaucoup d'imagination. Toutes les alliances seront possibles. Je demande aux services de la milice, et en particulier à Ghassan Touma, à Akram, et au " Captain " (ses adjoints des services de renseignement) d'opérer immédiatement une épuration de nos propres unités en vue de ce combat. Je leur donne six mois pour nous transformer en machine de guerre intérieure. »

Notre ambassadeur, Paul Blanc, me confirma que la milice, dès la signature de l'armistice avec le général Aoun, se prépara à la reprise des combats : « On m'a signalé, quelques heures à peine après la proclamation de l'armistice, que des convois d'armes et de munitions quittaient la Quarantaine. Cet arsenal était dispersé dans des caches et dans des appartements de Beyrouth transformés en casernes. L'opération anti-Aoun était commencée. »

A la fin du mois de mars de la même année, Geagea réunit à nouveau ses amis pour une séance mémorable. Il leur tint ce discours : « Aoun, en déclenchant la guerre de libération, nous a baisés, il nous a volé nos slogans, et tiré le tapis sous nos pieds. Il nous reste à être patients, et à espérer qu'il va commettre des fautes. »

Au début du mois de juin, Émile Rahmé, avocat douteux, proche de Geagea, rencontrait dans son chalet de Faraya l'ambassadeur américain Mac Carthy. Les deux hommes évoquent un processus de collaboration déjà établi par Zahi Boustany pendant des voyages à Washington : Geagea acceptait d'être le cheval de Troie dans les régions Est. Le malentendu de l'été 1988, qui l'avait vu s'opposer à l'accord Murphy-Assad (conclu à l'instigation du conseiller Simpson, pour inventer un successeur à Gemayel), était oublié. De manière accessoire, Geagea s'engageait à limiter la production de drogue dans les régions sous son contrôle, contre un dédommagement.

A partir de ce jour, Nader Succar, un des leaders des FL, reçut régulièrement, alors même que les troupes d'Aoun combattaient les Syriens, des officiers de renseignement de Damas relevant du général Kanaan.

Au début de l'été, Samir Geagea, Nader Succar, Roger Dib, secrétaire général des FL, Zahi Boustany, ancien patron de la Sûreté générale, et homme des contacts avec les Syriens et deux autres chefs miliciens se réunissent à plusieurs reprises dans le couvent-bunker de Kattara, à Jbail. L'objet de leur concertation ? Comment faire sauter Aoun en profitant de la conjonction américano-syrienne. Le projet de Taef sortit de ses séances de *brain-storming*, et fut vendu rapidement aux Américains. Karim Pakradouni, déjà tenu à l'écart du noyau de direction, se déclara hostile à Taef et hostile à tout ce qui pourrait mettre en péril les Forces libanaises et leur unité d'action avec l'armée.

Le plan était solide et soutenu par les Américains. Il ne fallut aux comploteurs que quelques semaines pour le réaliser.

Aoun s'adressa au peuple : « Je ne veux pas trahir. Mais si les Libanais veulent de cet accord, naturellement, je partirai. » Quand je quittai Beyrouth, le samedi 4 novembre tous les magasins étaient fermés. L'autoroute de Jbail était hérissée de barricades. Un peu partout, des jeunes gens faisaient brûler des pneumatiques. De gros bouillons de fumée obscurcissaient le ciel.

A Paris, j'appris coup sur coup l'élection à la Présidence de la République de René Moawad, son assassinat, puis l'arrivée d'Elias Hraoui. La mécanique de Taef fonctionnait. Le piège se refermait. Je pensais que le Liban était foutu. Je voyais bien les Syriens tirer du canon à Souk el Guarb pendant que les Forces libanaises iraient chercher le Général dans son bunker. J'imaginais une fin de partie confuse. Pourtant, dans les jours qui suivirent, des amis me téléphonèrent de Beyrouth. Ils parlaient de manifestations imposantes autour de Baabda. Les journaux n'évoquaient pas ces cortèges. Je doutais de tout, des journaux, de mes amis.

Le samedi 25 novembre 1989, vers vingt et une heures, le téléphone sonna. Au bout du fil, d'une voix inhabituelle, harassée, Aoun me donna de mauvaises nouvelles : « Nous avons recueilli toute la journée des renseignements concordants. Les Syriens mettent leur armée en branle. Des chars se massent sur la ligne de démarcation. » Ce soir-là, il devait penser, lui aussi, qu'il était foutu. Les Deniau avaient reçu le même appel. Au secours.

Le lendemain matin, je pris connaissance des déclarations des Syriens et du « président » Hraoui. Aoun avait quatre jours pour plier bagage. C'était un ordre. Le mardi suivant, vers vingt-trois heures, Aoun au téléphone, à nouveau. Le ton avait changé, la voix tremblait, elle riait, la somnolence du désespoir avait disparu : « Des dizaines de milliers de personnes sont montées à Baabda dans la nuit tombante. Ils portent des bougies et des drapeaux libanais, ils veulent dormir ici, à la belle étoile, vous m'entendez, ici, c'est proprement incroyable, et les deux fils du président Chamoun sont à côté de moi, avec leurs sacs de couchage, et tous ces gens disent la même chose : " Que les Syriens tirent, nous sommes ici, avec vous, nous périrons avec vous... " » Cette semaine-là, la presse ne rapporta rien des nouveaux événements de Beyrouth. Mais je ne doutais plus de mes amis. La présence du peuple sur cette colline menacée montrait plus qu'une connivence. Elle scellait une alliance. Ces pèlerins aux mains nues se présentaient aux premières loges. Décidés à camper sur la cible, ils s'offraient en victimes. J'imaginais cette nuit blanche, ces flambeaux, ces chants, ces bannières, cette innocence.

Le lendemain soir, les nouvelles demeuraient inquiétantes. J'appelai Jean-François Deniau. Notre décision fut vite prise. Il fallait répondre à l'appel qu'ils ne lançaient pas. Je passai une journée à chercher des avions, des pilotes, des plans de vol, et des contrats d'assurances. A neuf heures du soir, j'avais réuni une petite escadrille. Jean-François Deniau avait rameuté plusieurs dizaines de députés, prêts à partir sur-le-champ. J'eus à peine le temps d'appeler quelques amis, Serge Lafaurie, Claude Mauriac, Christian Jambet, le père Bonnet, Christine Clerc, Roger Stéphane. Au Bourget, les équipages réclamèrent des primes. Les dépêches de Beyrouth annonçaient des concentrations de chars. Les avions décollèrent l'un après l'autre. Le seul bagage des députés était leur écharpe tricolore. Leur départ ne manquait pas de courage. A minuit, les deux derniers pilotes renoncèrent. Douze heures plus tard, les voyageurs traversaient Beyrouth sous un orage. Les Libanais criaient : « Vive de Gaulle ! Vive Mitterrand. » Pour eux, Deniau, Villiers, Léotard, Stasi, c'était la France. Pas un seul ne pensait aux querelles de notre hémicycle. J'ai la faiblesse de penser qu'à Baabda, ce jour-là, nos députés aussi les avaient oubliées.

Vingt-cinq jours après ces événements, j'étais de retour à Beyrouth par une nuit de décembre, humide et froide. La voiture, après le rond-point Mkelles, se fraya difficilement un chemin parmi la foule qui encombrait la route. Elle roulait au pas, noyée dans un immense cortège, qui semblait n'avoir ni commencement ni fin, dont on me disait qu'il ne tarissait jamais, et serpentait jusqu'à Baabda. L'ombre enveloppait toute cette humanité. La joie disposait des visages saisis dans le halo des phares. Un grand calme, malgré les cris, les chants, les rires, les slogans jetés à la nuit. Très régulièrement, des groupes compacts d'étudiants ou de lycéens remontaient d'un pas plus nerveux « Général ! Général ! libération totale ! » le courant de cette paisible parade.

Les approches du palais présidentiel étaient méconnaissables. Partout des feux de camp, des drapeaux, des tentes ; un immense bivouac. La foule venait s'échouer contre un filet de barrières métalliques. Elle ne comptait pas son temps. Elle prenait ses aises. Les enfants grimpaient sur les épaules de leurs pères. Des familles s'asseyaient en rond sur les escarpements du bord de la route. Des soldats, aux anges, bavardaient avec des adolescentes. Tous ces gens n'avaient rien d'autre à faire que d'être là. Personne ne leur avait demandé de se rassembler là. Ils allaient, ils venaient, ils s'étonnaient, ils se congratulaient. Leurs aller-retour s'étalaient sur des kilomètres ; leurs déplacements avaient de l'ampleur et du drapé. Ils affichaient une tranquillité sans faille. Ils entouraient Baabda de leurs bras, de leurs jambes, de leur chahut radieux. Le peuple formait autour des ruines de la présidence de la République du Liban une sauvegarde mouvante. Aoun m'accueillit en disant : « Il y en a qui sont là depuis vingt-cinq jours. J'ai l'impression que le Liban de Papa, c'est fini ! »

Le soleil du lendemain détailla ce que la nuit avait caché. Les ombres et les porte-cierges défilèrent en pleine lumière. Le spectacle valait la peine d'être vu. Une foule bariolée, partie des faubourgs de Beyrouth, cheminait entre les oliviers. Des vieillards au teint de terre, des éclopés sur leurs béquilles, des colonnes de pauvres gens, paysans de la montagne, venus par village, bonnes sœurs, employés du gaz, des athlètes en survêtement, des femmes du monde, des classes entières de collégiens, des soldats au repos entourés de leurs familles, des milliardaires marchaient vers Baabda. Le flot, maigre pendant les premières heures de la matinée, s'enfla à partir de midi. Une estrade et une banderole (« De Prague à Beyrouth, un seul combat : la liberté ! ») accueillaient les marcheurs aux portes de la présidence. Je vis s'y succéder des prêtres, des chanteurs de rock, des danseurs, des soldats, des poètes. Tous parlaient du Liban. *Loubnan, Loubnan !* Ces deux syllabes n'en finissaient pas de claquer dans les micros. Leur écho roulait sur la foule étale. La présence charnelle des femmes, leurs boucles brunes, leur évidente gaieté, la marmaille dans leurs jupes donnaient à ce rassemblement un air de grandes vacances. Les couleurs de cette « kermesse héroïque » changeaient suivant l'inclinaison du soleil. Tantôt c'était Taizé, ses grandes mélopées œcuméniques ; tantôt Woodstock, une somme d'énergie débitée en accords de guitare ; tantôt la *Marseillaise,* tambours et trompettes, bal du 14 Juillet, déjeuner sur l'herbe. C'était toujours un pèlerinage pour le Liban, une manière empruntée au temps des cathédrales de croire, et de voter avec ses pieds.

Les soldats, deux ou trois fois par jour, écartaient les lices de fer. La foule franchissait en courant les deux cents mètres qui la séparaient du cœur du sanctuaire dévasté. Aoun lui parlait. La langue arabe fortifiait sa voix, elle lui donnait un rythme, une souveraineté.

J'ai vu des troupes de lycéens jaillir dans le bureau d'Aoun, lui livrer des poèmes. J'ai vu des femmes pieds nus dans des chaussures rafistolées s'approcher de lui pour sortir de leur mouchoir une pièce d'or. J'ai vu des paysans sans âge, sans fortune, sans rien, faire son siège. J'ai vu Youssef Goubran, soixante-dix-huit ans, venu à pied, comme tout le monde, beau visage, joues creuses et ocre, nez en serpette, noble moustache, sec comme un coup de trique dans son costume trois-pièces coupé par un tailleur de Beyrouth il y a plus d'un demi-siècle, redresser ses rhumatismes, s'arrêter à dix pas de Michel Aoun, le saluer, puis s'approcher d'autorité du Général pour tracer d'une main tremblante le signe de la croix sur son front en disant : « Goubran Youssef ! FFL ! Ancien de l'armée française ! Matricule 27529 ! Je récite dix-huit chapelets par jour, pour vous ! J'ai alerté l'Ange qui vous protégera. Que le Christ qui a rouvert les églises en Union soviétique veille sur vous ! » Il claqua des talons, et se recula en s'effondrant sur sa canne.

Toute cette émotion culmina *le jour du drapeau.* Cent trente-sept mille et sept cent quarante-neuf personnes avaient laissé leur signature sur un immense drap aux couleurs libanaises exposé pendant une journée sous un baldaquin de toile kaki aux pieds de la côte de Baabda. Les pèlerins piétinèrent devant cette tente pour laisser leur marque. J'ai appris ce jour-là que les manchots signaient avec la bouche. Quelques tchadors, venus de Beyrouth-Ouest, paraphèrent le morceau de tissu. Le soir venu, tout un cortège s'ébranla derrière l'immense tapisserie, déployée à l'horizontale, haut tenue par des centaines de bras, et précédé d'une fanfare. L'emblème, gonflé comme une voile, semblait tirer l'attelage de la multitude. La nuit sentait la mer et les pins. Dans le bunker, un aide de camp tendait son *battle-dress* au général Aoun.

Un mois plus tard, un homme me dit dans un restaurant de la rue de Bièvre : « Nous avons vécu un rêve. » Tous les ennemis d'un Liban honorable, tous les courtisans de l'argent et de la seule force brute, les mufles, les voyous et les traîtres avaient continué leur travail. Les mâchoires de Taef s'étaient refermées avec le déclenchement de ce qu'on appela « les combats inter-chrétiens ». J'avais parlé avec le général Aoun de cette probabilité :

« Vous serez poignardé dans le dos au moment où vous vous y attendrez le moins. Pourquoi ne prenez-vous pas l'initiative ? » Sa réponse n'avait jamais varié : « Je dois épuiser toutes les solutions pacifiques et politiques. Personne ne comprendrait que j'engage les combats tant que Geagea ne sera pas démasqué publiquement. »

Les lampions du soutien populaire avaient jeté leurs pauvres lueurs dans la nuit beyrouthine. Ces flammes chancelantes étaient celles de l'espoir. Les Libanais et le général Aoun s'abandonnèrent à la seule joie d'exister et de croire.

Les comploteurs complotaient. Les miliciens avaient déjà libéré les forces de l'ombre, du secret et de la haine. Aoun avait baissé sa garde. Il réclamait des élections libres, et seulement cela. Il n'écoutait que la voix de sa conscience, qui ne lui parlait, puisque ce n'est pas le boulot d'une conscience, ni de guerre ni d'intendance. Baabda restait ouvert à tous les vents, et à toutes les insouciances. Les services d'information de la présidence n'informaient plus personne. Aoun, qui pense que la vérité n'a pas besoin d'attaché de presse, ne s'en offusquait pas. Cet homme simple en tient plus pour la *vox populi* et les débats de l'agora que pour les canons de son artillerie. « C'est un démocrate en battle-dress ! », me dit un jour notre ambassadeur à Beyrouth. Il négligea de préparer la guerre.

Les Syriens se taisaient. Leur jubilation était silencieuse. Ils avaient déjà cassé les reins des shî'ites, autrefois unis, séparés, maintenant, entre Amal et Hezbollah.

Le venin de la discorde coulait dans le camp chrétien. Mais le Général ne manquait pas d'atouts. « L'armée est avec moi, le peuple est avec moi, l'immense majorité des musulmans est avec moi », répétait-il à ses visiteurs. Le peuple qui l'acclamait semblait lui avoir dessiné un destin. Il éprouvait peu de goût, par nature, pour les jeux politiques. Les foules de Baabda l'en éloignaient encore plus. Il campait sur son Aventin, et attendait que la Providence, sollicitée par les foules de Baabda, daigne une nouvelle fois se manifester en sa faveur.

Il aurait pu, il aurait pu acheter trois députés, en convaincre deux autres, déjà presque acquis à sa cause, il aurait pu élargir son gouvernement, prendre des ministres sunnites, il aurait pu ne pas tenir, par principe, les anciens acteurs de la scène libanaise à l'écart de son action, il aurait pu... Mais à force de mener son peuple par les songes, le Général finissait par croire à ses propres rêveries. Son corps, prisonnier du bunker, était las. Les cernes de ses yeux étaient violets à force de fatigue. Il dormait, il mangeait, il se lavait, il travaillait, il recevait sans quitter l'appartement du bunker. L'amertume avait peu de prise sur lui. Il se savait mis au ban de la société des nations qu'il aimait, et ne cessait de s'interroger sur les raisons qui faisaient choisir à ces mêmes nations la force contre le droit, l'arbitraire contre la volonté du peuple. Mais l'esprit ne renonçait pas à croire. Les cris des pèlerins attisaient la violence de ses chimères. Il n'y avait aucune faiblesse dans ces foules stationnées jour et nuit sur le parvis de Baabda.

Le réveil fut brutal. Les Forces libanaises passèrent à l'attaque dans les premières semaines de l'année 1990. La guerre fut atroce. La haine des miliciens contre le peuple se déchaîna. Des unités d'Aoun furent piégées comme des enfants de chœur. Aoun fut battu puisqu'il ne gagna pas. Il perdit beaucoup. Privé d'accès à la mer, il vit son territoire se rétrécir. Et l'opinion française commença à trouver que ces bagarres entre chrétiens étaient trop complexes pour elle. La Résistance française n'était-elle pas, elle aussi, une histoire passablement complexe ?

L'espoir avait reculé. Geagea s'était rallié sans condition à Hraoui, c'est-à-dire à Assad. Cette guerre avait dressé de nouvelles lignes de démarcation dans Beyrouth. L'exode avait repris. L'hiver était là. Il pleuvait.

L'espoir recula encore. Le Vatican lâcha Aoun. C'était, je crois, comme par hasard, le jour du Vendredi saint. Mais dans les rangs de ceux qui continuaient de résister à la terreur, au sabotage, à la mort, à l'hypocrisie, chez les musulmans comme chez les chrétiens, le Général continuait d'incarner le Liban. Le reclus de Baabda, recevant un diplomate lui avoua : « La Renaissance de ce pays passe par la croix. »

L'été fut morose. Les mois passèrent. Les autorités « légales » décidèrent de renforcer le blocus du « réduit ». Elles pensaient qu'il suffirait d'affamer la population pour emporter le morceau. Ce fut le contraire. Des sunnites, des shî'ites, des druzes se déclarèrent solidaires des assiégés. Les premiers jours d'octobre furent très gais. Les Libanais manquaient de tout, mais ils avaient retrouvé le sourire.

Pendant l'été, la Syrie est devenue l'alliée des

Américains dans le conflit qui les opposait à l'Irak. Les jours du Liban libre étaient comptés.

Le samedi 13 octobre, à six heures du matin, heure de Damas, l'assaut était lancé.

Chapitre IV

L'HOMME QUI SOURIT
ET L'HOMME QUI SE NOIE

« La Syrie joue un rôle positif au
Liban. »

François Mitterrand,
Damas, nov. 84.

« Le Liban ne doit pas rester le
remords du monde. »

François Mitterrand,
préface au « *Carnet* »
de Charles Hélou, 1987.

« Hip, hop ! »

François Mitterrand
par Plantu, 1990.

*Novembre 1984-octobre 1990.
— Où l'on voit les responsables
français, de François Mitterrand à Michel Vauzelle se
conduire de façon inconve-
nante à Damas. — Réflexions
et mise au point sur la politique
extérieure de la France qui
conduisit l'homme qui sourit
(F.M.) à ne pas tendre la main
au noyé du Proche-Orient. —
Où l'on voit enfin l'écœurement de Beyrouth après la
remise des clefs de la ville à « la
centrale du crime », et des religieuses gifler de leur chapelet
un nonce apostolique.*

Il faut reparler de François Mitterrand. Qu'a-t-il entrepris après l'assassinat de Louis Delamare, *son* ambassadeur à Beyrouth ? *Son* ambassadeur puisque d'après nos traditions, un ambassadeur de France n'est pas seulement le représentant de la France dans un pays étranger, mais aussi celui, *intuitu personae,* du président de la République ?

J'ai déjà écrit que les tueurs avaient été liquidés en douce — au Portugal prétend maintenant Pierre Marion, l'une des nombreuses pipelettes qui dirigea un temps nos Services. Cette justice à la petite semaine épargna les officiers syriens responsables du commando. Ils paradèrent dans Beyrouth avec des galons neufs, récompenses de leur réussite dans le crime. L'un d'entre eux fut même chargé de la sécurité de l'aéroport. Il eut plusieurs fois l'occasion d'être sur le tarmac de Khaldé aux côtés du successeur de Louis Delamare.

C'est pourtant sans honte que François Mitterrand se rendit à Damas le 24 novembre 1984. Rappelons qu'il s'était déjà distingué, quelques temps auparavant, par un voyage en Crète pour rencontrer Kadhafi. Le Libyen, à l'époque, nous mentait avec aplomb à propos de son désengagement du Tchad. Les Américains nous avaient renseignés sur l'impudence des mensonges de ce matamore, dont les palinodies menaçantes ne visaient qu'à nous tourner en ridicule. Quelle curieuse disposition de l'esprit, celle qui pousse à faire des risettes, fussent-elles hypocrites, à ceux dont l'objectif est de nous couvrir de boue. Quel curieux besoin, dès qu'une occasion se présente, et s'il le faut, on la sollicitera, (« bien entendu, j'irai en Syrie si j'y suis invité », avait déclaré François Mitterrand en juillet 1984), quel curieux besoin, donc, celui de renifler de près l'odeur des tyrans. Quelle curieuse curiosité celle de notre Président, assis sur une fesse, pharaon sorti de son mausolée et dévorant des yeux Kadhafi ou Hafez al-Assad, dont il ne cessa de vanter, tout au long de ce fameux voyage, la « personnalité ».

Les actions du bourreau damascène étaient déjà répertoriées par toutes les ligues humanitaires du monde. Le manteau noir de la répression recouvrait chaque village de Syrie. Assad avait eu beau envoyer ses bulldozers raser les maisons de la vieille ville d'Hama, soulevée contre lui en 1982, et anéantir les souvenirs de poésie, de prière et de liberté attachées à ces murs anciens, personne n'avait oublié ni les cadavres brûlés ni les charniers des dix mille victimes laissées sur le carreau par les brigades de défense de Rifaat al-Assad, frère d'Hafez. Personne, sauf François Mitterrand.

Hafez al-Assad, et c'est une autre facette de cette « personnalité », avait confisqué à son seul profit les maigres ressources de sa petite nation, incapable de boucler seule ses fins de mois. Assad, membre de la minorité alaouite, mettait le pays en coupe réglée. A l'extérieur, il tirait les ficelles de marionnettes terroristes, payées, logées, nourries, entraînées par ses soins. Il usait de la force par procuration. Il pataugeait dans le sang de ses victimes, mais tendait aux regards faiblement soupçonneux de nos gouvernants des mains toujours blanches. Ceux-ci feignaient de croire à leur innocence. Hafez al-Assad ne perdait pas une occasion de nous traiter comme des nains. Il nous menacera de ses bombes pour infléchir le cours fragile de notre politique. Nos gouvernants exténués mais vaniteux prétendront jouer avec Assad une partie à plusieurs bandes dont la complexité échappe à l'entendement commun. Voici donc l'homme que beaucoup d'Occidentaux surnommèrent le Bismarck du Proche-Orient. Minoritaire et honni dans son pays, économiquement inexistant, militairement médiocre, sans morale, mais fort d'une intelligence rehaussée par une brutalité qui le propulse bien au-dessus du niveau moyen de la canaille. Un tyran, dans toute sa gloire.

Soyons froid et raisonneur, comme tous ceux qui n'ont à la bouche que le mot stupide, affreux, surestimé et menteur : réalisme. Un État peut mettre sa morale au fond de sa poche, quand ses propres intérêts l'exigent. Nous le savons. Mais alors posons-nous, nous aussi, une très réaliste question : pourquoi François Mitterrand est-il allé à Damas ce 24 novembre 1984 ? Qu'avons-nous gagné à pactiser avec cet homme qui tire son génie de la malfaisance ?

François Mitterrand nous prévint qu'il était le premier chef d'État français, et pratiquement le premier chef d'un État occidental, si l'on exceptait une courte séance de travail de Richard Nixon, à se rendre dans la capitale de la moderne Syrie. Ce voyage était donc une première. A plus d'un titre, puisque les journalistes accrédités de la presse présidentielle furent accueillis à Damas par une volée de brimades. Passeports confisqués, douaniers teigneux, bagages passés au peigne fin, fouille corporelle, aboiements :

« Chacun son tour ! Avancez sous le portique de sécurité ! Ça sonne ! Vous avez des objets métalliques dans vos poches ? Un stylo ? Pour quoi faire un stylo ? Enlevez votre veste, repassez ! Dépêchez-vous ! Ça sonne ! C'est votre dentier ! enlevez le dentier... »

Deux journalistes avaient commencé de se soumettre à ces vexations. Les autres se taisaient. Un cercle de curieux se formait.

« Votre dentier ! on vous a dit de l'enlever ! » L'homme ainsi sur la sellette, un vétéran des voyages présidentiels, n'aurait jamais imaginé être la victime d'une scène pareille. A ce moment, quelqu'un — c'était André Pautard de *l'Express*, je crois — hurla :

« Ça suffit, vous nous prenez pour des cons ! vous voulez nous humilier ? Nous n'accepterons pas ! » Ce fut le signal d'une belle pagaille. Les journalistes assis par terre refusaient d'obéir aux ordres des soldats syriens. Les autorités les gardèrent en quarantaine, dans un local sordide. Pendant cinq heures, la presse présidentielle, invitée personnelle de François Mitterrand, put méditer cet affront. Incrédulité. Surprise. Humiliation.

Les journalistes entrèrent dans Damas à la nuit tombée. Ce n'était que rafales d'armes automatiques et tirs de mitrailleuses lourdes. Les girandoles des balles traçantes embrasaient le ciel de la ville : des cabotins alaouites saluaient le retour de Rifaat al-Assad, frère du dictateur, bourreau lui-même. Les deux frères s'étaient disputés. Celui qui a déjà assisté, dans la mare d'un rocher, à l'abject combat de deux crabes, imaginera sans mal l'objet de leurs querelles. Rifaat, vaincu, avait été exilé à Paris, où il fanfaronnait dans sa villa de Saint-Cloud. Les deux frères, liés par des intérêts de marigot, s'étaient réconciliés. Le bruit de leur rabibochage avait été rapporté aux oreilles de François de Grossouvre. Cette rumeur inquiétait le conseiller de François Mitterrand. Il n'était pas convenable, pensait-il, que Rifaat, responsable de massacres, d'actes terroristes, d'une foultitude de trafics, détesté par les

Syriens, rentre chez lui dans les bagages du Président français. Les Syriens avaient promis que ce *come-back* ne coïnciderait pas avec le voyage de Mitterrand. Ils avaient menti. Quand François Mitterrand posa le pied à Damas, les premières paroles de notre ambassadeur furent pour le prévenir de la présence de l'Indésirable. Les Panthères roses de Rifaat, ainsi nommées à cause de leur tenue camouflée, couleur de sang pâle, continuaient leur fantasia. La vocifération de leurs armes n'avait pas cessé cette nuit-là. Qu'en ont pensé François Mitterrand et François de Grossouvre ? Instant critique. Colère. Humiliation.

La presse fut interdite d'aéroport pour l'arrivée de son Président, en application d'un accord franco-syrien pour le moins étrange. Les Syriens jubilaient. Non contents de pousser les autorités françaises à cautionner des mesures aberrantes, ils censurèrent les reportages de Radio-France et d'Antenne 2. Et dans les kiosques de Damas, les journaux français, qui relataient les incidents de la veille, à l'aéroport, étaient lacérés. Assad poussait son avantage. La presse présidentielle était roulée dans la farine. Colère. Humiliation.

La conférence de presse commune des deux présidents de Syrie et de France devait être l'apothéose du voyage. Ce fut une catastrophe. Pour la France, bien sûr. Hafez al-Assad, avec un calme sans scrupule, très nettement, déclara reconnaître le rôle de notre pays au Liban *dans le domaine culturel,* et se paya une condamnation sans frais du terrorisme. Le Président syrien jouait avec François Mitterrand comme un chat avec une pelote de laine.

« J'ai vu François Mitterrand partout, je l'ai suivi dans tous ses voyages, il existait toujours à sa hauteur, m'a confié le journaliste Philippe Lapousterle. Mais à Damas, devant Hafez al-Assad, il était humilié. L'autre le traitait comme un moins que rien. Mitterrand apparaissait comme un personnage florentin, et seulement florentin, sans aucune prise sur le réel. Il parlait de choses désincarnées, qui n'existaient pas. A côté de lui, Hafez al-Assad, plein de morgue, mentait comme un arracheur de dents. Il ne mentait pas comme quelqu'un qui peut mentir pour échapper à une situation, il mentait ouvertement pour simplement nous dire : " Je vous emmerde ! " C'était une évidence publique. Tout le monde l'a senti, François Mitterrand était balayé. Nous avons tous pu voir les personnages les plus éminents de la diplomatie française qui accompagnaient le président de la République pâlir au fur et à mesure que durait cette conférence de presse. Et elle fut longue. Chacun de nous se disait : " Ce n'est pas possible, Mitterrand va inventer quelque chose, il va rétablir la situation ", mais la phrase que nous espérions tous n'est jamais venue. »

Une jeune journaliste française, Annie Laurent, interrogea longuement Assad sur sa politique au

Liban. Puis elle demanda à François Mitterrand : « Monsieur le Président, avez-vous évoqué l'occupation syrienne du Liban avec le président Assad ? » François Mitterrand, qui éludait la question depuis plus d'une heure lâcha d'un ton excédé : « La Syrie joue un rôle positif au Liban ! », puis se tourna vers Hafez al-Assad et conclut, lèvres pincées : « Monsieur le Président, je dois maintenant rentrer à Paris ! » Coupant court aux politesses d'usage, il se leva et quitta la salle. François de Grossouvre rejoignit Annie Laurent quand elle sortait avec ses confrères des salons de l'hôtel Méridien. Il la prit par le bras : « Eh bien, madame, vous avez vexé le Président... »

Cette journée aurait pu se terminer sans que le grand homme humilié cherche à en humilier d'autres moins puissants que lui. Mais François Mitterrand se laissa aller à la pente de l'homme orgueilleux qui a honte de ses actes. Il endossa cette honte et fit de cette déroute une ligne de conduite. Une cérémonie avait rassemblé dans l'église fortifiée dédiée à saint Paul, à l'invitation des chefs spirituels de la communauté chrétienne, le président de la République, François de Grossouvre, Hubert Védrine et une demi-douzaine de diplomates français. La presse avait été tenue à l'écart de cette réception, le patriarche grec-orthodoxe Ignatios IV Hazim, dans son allocution de bienvenue, s'adressa à François Mitterrand :

« Votre rôle, monsieur le président de la République française, c'est d'aider à sauver le Liban. Le sort des chrétiens de tout l'Orient est lié au sort des chrétiens du Liban. »

La réponse de Mitterrand au Patriarche ne fut pas une pirouette :

« En ce qui concerne le Liban, vous avez la Syrie. »

Les chrétiens de tout l'Orient étaient humiliés deux fois. Le Président français les jetait dans les bras du tyran. Il les destinait à un avenir de vaincus et leur faisait savoir qu'à ses yeux, ils comptaient peu.

Le sort du Liban, je crois, était scellé.

Jacques Amalric conclut en ces termes l'article du *Monde* qu'il avait rapporté de Damas : « Le premier bilan (de ce voyage) est assez maigre, même si on tient compte des questions purement bilatérales qui ont porté, pour l'essentiel, sur les échanges culturels et commerciaux. La France est notamment intéressée par la construction de la seconde tranche d'une centrale thermique mais elle est en concurrence très serrée avec la Suisse.

« La question de l'opportunité du voyage de M. Mitterrand risque d'être posée pendant longtemps encore, même si, comme il l'a déclaré hier après-midi en s'adressant à la communauté française de Syrie, " je pense que ce voyage sera utile " et " que la situation de la France sera meilleure qu'elle ne l'était auparavant ". »

Mitterrand était allé à Damas serrer la main de l'homme qui avait fait assassiner Louis Delamare, son représentant personnel à Beyrouth. Je sais que c'est un raccourci d'oser dire : il est allé serrer la main de son assassin. Mais l'Orient compliqué, qui a le sens des signes et même parfois celui des raccourcis, l'a dit avant moi.

Bernanos écrivait dans *Nous autres, Français* : « Le but de M. Hitler n'était pas de nous dégrader aux yeux du monde, mais de nous dégoûter de nous-mêmes. Il ne nous laisse pas le temps de cuver la honte. Il redouble, il insiste. Il sait parfaitement que nous n'avons pas peur des coups. Il attend seulement que nous ayons macéré dans un certain jus, que nous ne nous sentions plus assez propres pour nous battre(...). Il nous donne, à nous, envie de nous tuer, non de tuer les autres. »

François Mitterrand voulait-il nous tuer en serrant la main de son assassin ?

Si les réalistes du Quai d'Orsay ont mis du temps à dresser le bilan de cette expédition, c'est qu'ils l'ont bien cherché. Car concrètement, c'était vite fait : Mitterrand avait décroché la construction de la seconde tranche d'une centrale thermique, en concurrence avec la Suisse.

*****

« Les chefs d'État occidentaux parlent du terrorisme ou de la drogue comme si c'était des abstractions. On dirait que les bombes meurtrières posées dans les rues de Rome n'ont jamais été posées par personne. Tout le monde évite de nommer les responsables. Les recherches sont souvent déviées sur de fausses pistes. C'est ainsi que le 19 septembre 1989, un DC 10 d'UTA se désagrège au-dessus du désert du Ténéré. Des couches de pentrite avaient été collées sur le couvercle d'une valise. Or, non seulement on banalise cet attentat, mais on s'efforce de ne jamais en trouver les responsables, sans doute, dans ce cas, Ahmed Jibril et Hussein Humari, deux Palestiniens en rupture d'OLP manipulés par les services secrets syriens. Qu'en pense à Paris le juge Bruguière, chargé de l'enquête ?

« Cette politique des yeux fermés me rappelle la légende de saint Georges. Un dragon faisait le siège d'une ville. Il menaçait quotidiennement de pénétrer dans la cité pour y prendre ses proies. Les bourgeois de la ville avaient choisi de négocier. Ils lui livraient une victime chaque jour à condition qu'il reste hors des murs. Il a fallu saint Georges pour que cesse cette politique à la longue suicidaire. J'ai l'impression que les dragons terroristes campent aujourd'hui aux frontières des démocraties. Le dragon syrien demande aujourd'hui le Liban. Demain, le dragon réclamera une autre victime. J'ai parlé en tête à tête avec un certain nombre de responsables du monde. Tous m'ont avoué, les yeux dans les yeux, la faiblesse insigne de cette politique. A tous j'ai demandé : " Mais pourquoi vous obstinez-vous dans cette voie ? " Personne ne m'a jamais donné de réponse, évidemment. Que pouvait répondre le père qui allait livrer sa fille au dragon quand la pauvre lui demandait : " Mais pourquoi me livres-tu, toi, mon Père ? " Le père ne pouvait pas répondre qu'il espérait seulement se sauver lui-même. Il restait sans voix. » Entretien avec Michel Aoun, dans le bunker de Baabda.

« Implacable, le Président syrien exécute ses desseins avec patience et obstination. Il ne se précipite jamais, ne s'émeut guère, ne s'emporte pas davantage. Sachant attendre les occasions propices, renforçant ses atouts et laissant s'enferrer ses adversaires. » Karim Pakradouni, dans son livre *La Paix manquée.*

A Beyrouth, nos soldats, nos professeurs, nos ministres, nos émissaires servaient de cible aux terroristes et aux artilleurs syriens.

A Paris, des bombes explosaient dans un silence douteux. Pas une voix ne s'éleva pour protester contre ces actes de guerre. L'explosif des terroristes polluait notre honneur. Mais où étaient Mitterrand, et Barre, et Giscard, et Chirac pour qu'ils n'entendent ni le bruit des bombes ni les cris des victimes ? La France officielle fit peu de cas des morts et des rescapés. Cérémonies à la sauvette, discours bâclés. Le silence national fut le seul linceul de ces Français assassinés. Les clercs ne furent pas dérangés dans leurs rêveries. Sauf quelques exceptions — Jacques Julliard, Jean-François Revel,... —, leur capacité d'indignation semblait anéantie. Comme si l'unique drapeau que nous soyons désormais capables de brandir, d'aimer et de défendre était le drapeau blanc. Souvenez-vous de ces journées de communion nationale, où toutes les voitures de France, hérissées de mouchoirs et de torchons, proclamaient la volonté d'une population matraquée par les radios et les télévisions de ne pas enfreindre les limitations de vitesse.

Cette France craintive, pavoisée d'un blanc de cuisine, tremblait devant son ombre. Tout l'inquiétait : le sida, l'Allemagne, la pluie, le beau temps. Elle aurait mieux fait d'avoir peur de ses faiblesses. Le tyranneau syrien travailla cette loque avec patience. Il transformait notre honneur en charpie. Il s'amusait avec notre conscience, il la taquinait à l'explosif, elle se

délabrait et sombrait dans des abîmes d'indifférence.

Mitterrand, trop usé par lui-même, trop nihi-
liste dans l'âme, trop occupé à liquider la droite
et la gauche, à meurtrir ses amis comme ses
ennemis, restait de glace. Aurait-il voulu
répondre qu'il aurait été, je le crains, bien en
peine, ayant perdu dans ses propres combats
tout souvenir du bien et du mal.

Car là est sans doute la vraie question, à
laquelle nos responsables s'obstinent à ne plus
répondre : le mal vaut-il le bien ?

Tous les Français avaient autrefois un fonds
de morale en commun, bâti à sable et à chaux
par les instituteurs et les curés de campagne.
Saint Vincent de Paul, Voltaire, Lacordaire, Victor Hugo. Français de la nuit des temps ou natu-
ralisés de la dernière heure, ils retrempaient leur
style et leurs principes dans leurs propres discordes. Mais ces volontés rassemblées donnaient
une mystique à la France. Arc-boutée sur cette
vocation, elle trouva toujours la force de domi-
ner ses démons et de proclamer, *urbi et orbi,* sa
petite idée de l'homme.

Tout bascula peut-être en juin 1940. Nous
sommes-nous jamais remis de ces quatre années
de défaite, d'impuissance, de lâchetés, de déla-
tions. Et de Gaulle alors ? Entré dans l'histoire
sous l'armure du dernier des Capétiens, il
conduisit notre pays sur les sentiers de la moder-
nité. Il avait les pieds dans le temps des cathé-

drales et la tête dans la guerre des étoiles. Rebelle, amoureux du droit, très songeur. Il tenta d'apprendre la France aux Français qui l'avait oubliée et réussit à nous rendre fiers d'un passé, la Résistance, qu'il avait proprement inventé. Car nous savons maintenant que ses compagnons n'étaient qu'une poignée. Par deux fois, dès qu'il le put, le pays renvoya de Gaulle à Colombey, aux nuages et aux arbres de la forêt d'où il était sorti, à ses livres, à sa solitude. Les Français n'aimaient de Gaulle que mort. Par facilité, par confusion, par oubli, ils devinrent uniment gaullistes à partir du moment où, Charles de Gaulle refroidi pour toujours, ils pouvaient sans crainte d'embêtements retourner à leurs pétaineries.

J'appelle pétainerie l'inconduite de nos gouvernants, depuis 1976, face à la Syrie et d'une façon générale face au terrorisme. Ils ont tous plus ou moins courbé l'échine devant les menaces. Certains se sont fait une spécialité d'envoyer vers nos ennemis, l'Iran ou la Syrie, des navires de guerre dont on savait qu'ils n'arriveraient jamais.

J'appelle pétainerie les déclarations de Michel Vauzelle, président de la commission des Affaires étrangères à l'Assemblée nationale, faites à Damas, le 19 octobre 1990, au moment même où les Syriens imposaient dans le sang leur loi au peuple libanais : « La page qui vient d'être tournée avec le retrait du général Aoun doit permettre au Liban de recouvrer son unité, sa souveraineté et son intégrité nationale. » «Il y a sur ce sujet-là une proximité des positions de la Syrie et de la France. »

J'appelle pétainerie l'attitude de François Mitterrand qui affecte de croire à la farce mal jouée de la légitimité libanaise représentée par Elias Hraoui.

Beaucoup de politiciens français, et non des moindres, feignent de croire que l'abandon du Liban n'est préjudiciable ni à la France, ni même aux Libanais. Nous avons pu les entendre, assidus à prêcher sur tous les tons la rengaine du statu quo : « C'est ainsi, et nous n'y pouvons rien, et les Libanais l'ont bien cherché. Ils n'ont que ce qu'ils méritent. »

J'ai pourtant rencontré, un mercredi après-midi d'octobre 90, un homme qui prit soin de les démentir. C'est un homme raisonnable, puisqu'il s'agit du cardinal-archevêque de Paris, Monseigneur Lustiger. Je le cite :

« Deux remarques préalables d'ordre linguistique. Car il y a beaucoup de vérités dans la langue. Premièrement, en arabe, pour parler des chrétiens, on utilise l'expression " les Francs ". Les Français, ce sont les chrétiens. Telle est l'évidence que nous enseigne l'arabe populaire.

Deuxième remarque : toutes les minorités chrétiennes du Proche-Orient, depuis longtemps, et pas depuis le XIXe siècle, ont adopté le français comme langue de culture au point que le français devienne presque leur seconde langue, une langue quasi maternelle. Il y a donc un contrat natif dans la relation franco-libanaise, car le maternel est ce qui fait l'homme. Pour les Libanais chrétiens, la France a été le symbole de leur foi. Mais tous se sentent aussi français de mère, par la langue. Les éléments constitutifs de leur identité — la culture, la religion, l'imaginaire national — sont superposables à cette France lointaine, presque insaisissable, un peu rêvée peut-être, mais pourtant présente sur la terre libanaise par ses diplomates, ses missionnaires, ses enseignants. Ne croyez pas que le privilège, au Liban, de la France ou des Français ait été l'apanage des chrétiens. Nombre de musulmans s'en sentaient également, et légitimement, propriétaires. Personne ne peut nier, en tout cas, que la France ait eu au Liban le magistère d'une responsabilité exceptionnelle et singulière. L'Histoire a créé des liens persistants entre la France et le Liban. C'est l'Histoire qui, sur une très longue période, n'a cessé de les fortifier. L'Islam n'existe que depuis le VIIe siècle. Rappelons le temps où le Proche-Orient était une mosaïque de langues et d'ethnies. Cet État, qui se prolongea pendant des siècles, est maintenant révolu. La culture arabe et l'Islam s'y sont superposés sans l'effacer. Dans cet univers constitué en blocs, les minorités non islamiques ou non arabes, pour subsister, ont besoin de la caution et de l'appui extérieurs. Ces minorités n'existent qu'en demeurant les témoins, à l'intérieur, de l'extérieur, et qu'en étant garanties par l'extérieur à l'intérieur. Dès 1536, les " Capitulations " de François Ier énonçaient la protection des minorités — principalement chrétiennes, de tout ce qui relevait alors de l'exception. Livrées à elles-mêmes, ces minorités n'auraient pas eu les ressources politiques pour continuer d'exister. L'extérieur leur apporta l'oxygène religieux, culturel, politique et parfois militaire dont elles avaient besoin. Sous la pression des événements et des aléas de l'Histoire — un empire en chassant un autre, s'est élaborée l'idée du " statut personnel ". Il donnait à chaque groupe un statut particulier, qui s'inscrivait d'ailleurs assez bien dans la logique de l'Islam. Chaque groupe avait son droit particulier à l'intérieur d'un ensemble arabo-islamique ou ottoman. (...)

« La politique de la France a poursuivi la tradition des garanties que nos diplomates n'avaient cessé de maintenir. Cette politique permit la naissance de la République du Liban démocratique. La démocratie libanaise était bien sûr singulière. Sous le vêtement démocratique subsistait la mosaïque des statuts personnels. C'était un compromis, mais il donna des preuves de son efficacité. Le Liban est un pays de vieille culture, mais c'est aussi un pays violent. Le droit y connut des défaillances. Les minorités menacées se sont armées pour leur sauvegarde. Ce fut notamment le cas des maronites. Mais seule une aide extérieure, une aide française pour parler clairement, a pu, malgré ces périodes troublées, rétablir le droit et ramener la paix civile. On ne s'est pas privé, depuis quinze ans, d'accuser les Libanais, et les Libanais chrétiens, d'être responsables de leurs malheurs. On ne s'est pas privé d'égrener les accusations et les reproches. On leur a fait grief de n'avoir pas su s'entendre, de n'avoir pas respecté les règles de la démocratie, et même d'avoir confessionnalisé un conflit social. Chacun s'est plu à faire leur procès. En vérité, on leur reprochait plutôt d'être eux-mêmes. (...)

« Sans l'appui des grandes nations, le Liban était voué à la violence. Le droit et la démocratie reculaient. Les nations occidentales portent leur part de responsabilité dans cet échec. Il était du devoir de l'Occident, de la France en particulier, de sauver les Libanais de leurs contradictions internes. Les Libanais comptaient sur notre aide. Peut-être ont-ils été trop naïfs, imaginant que les puissances occidentales étaient restées les mêmes et que nous aurions toujours le pouvoir de leur porter assistance. Les Libanais ont peut-être surestimé notre fidélité. Ils se sont trompés.

Nous les avons trompés en les abandonnant à eux-mêmes. Les accuser maintenant de n'avoir pas su gérer leurs contradictions, les accuser d'avoir été faibles avec leurs faiblesses relève de la pure hypocrisie. Va-t-on reprocher à l'homme qui se noie de vouloir continuer à respirer sous l'eau ? Non. La seule façon de le sauver est de lui tendre la main. Le Liban est le noyé du Proche-Orient. Nous ne l'avons pas aidé à regagner le rivage. Et nous avons enseveli son agonie sous de fallacieux reproches, puis nous nous sommes lavé les mains. J'ai honte de penser que nous avons participé à cette défaite d'un pays qui nous est cher. C'est pourquoi je demande pardon au peuple libanais [1]... »

Il y a pour la France une question éminente, morale et stratégique, en matière extérieure, comme il y en a une en politique intérieure. Il se trouve que cette question est la même, formulée de deux façons, ou sous deux angles différents, et c'est celle des rapports de notre pays avec le monde arabe. Comment agir de telle sorte que ledit monde arabe, extérieur comme intérieur, s'ouvre, sans se rendre, à l'influence culturelle occidentale, s'assimile ici, se démocatise et se

____

1. Interview du Cardinal Lustiger publiée par *le Nouvel Observateur*.

« laïcise » là ? Si on avance dans cette voie, il n'est pas impossible que certaines rêveries, aujourd'hui assez équivoques, d'un « espace méditerranéen », puissent devenir un jour une belle réalité. Si au contraire, c'est la tentation du rejet absolu qui l'emporte, alors nous aurons à l'extérieur, et quoi que notre imaginative lâcheté nous suggère pour en ignorer la menace, des foyers de plus en plus nombreux d'une guerre de moins en moins rampante, et à l'intérieur, un face à face abominable entre les fondamentalistes, ou les absolutistes de l'arabité, qu'on les appelle comme on voudra, et les fanatiques de monsieur Le Pen.

Nous croyons que le sens général du combat qui opposait les Libanais à l'expansionnisme syrien se laissait lire sous les innombrables ratures d'un texte sanglant. Il s'agissait de savoir si le modèle d'arabité qui l'emporterait serait accueillant aux différences, aux influences, aux échanges, bref occidentalisé — oui, ce mot qui vaut condamnation —, ou bien si la conception monolithique, militaire, sectaire, dictatoriale, qui prévaut aujourd'hui, dans des dosages divers, de Damas à Tripoli, de Bagdad à Alger, aurait la peau de l'ancienne singularité libanaise. Cela revient à dire, en termes politiques : si le Liban préserverait, reconquerrait, ou non, son indépendance.

Tient-on pour crime l'influence française dont les Libanais se réclament inlassablement, tandis qu'on nous en vante inlassablement les bienfaits sur des peuples qui en général n'en ont cure ? Comment ne pas comprendre que le Liban a besoin de la France, de sa langue, de sa mémoire, de son histoire, pour résister aux assauts messianiques des cohortes d'Allah ? Croit-on qu'il soit indifférent de parler avec l'arabe, le français, de pouvoir étudier, lire, dans cette langue, imagine-t-on que, dans l'état intellectuel de la vie intellectuelle arabophone, ce que nous continuons d'appeler les Lumières se communique également par l'un et l'autre canal ? Ignore-t-on que l'histoire du syndicalisme arabe, celle du shî'isme, même, sont, c'est peu dire, mieux connues, aimées et enseignées par quelques vieux jésuites d'Achrafieh que dans les écoles de Damas ou les banlieues de Chiah ? Trêve de faux-semblants : la défaite d'Aoun, dans la mesure où elle risque bien de tourner définitivement la singularité libanaise, est une défaite pour la liberté, la diversité, l'intelligence du monde arabe. Et le fait que la France n'ait pas vraiment voulu s'opposer à ce nivellement sanglant d'une culture arabo-occidentale laisse mal augurer de sa capacité à assimiler pacifiquement, généreusement et fermement, ceux qui, à l'intérieur de ses frontières, se trouvent déchirés entre l'un et l'autre monde [2].

2. Extraits d'un texte d'Olivier Rolin, cosigné par Christian Jambet et l'auteur, et publié le 23 octobre 1990 dans *Libération.*

L'avenir du monde se jouait peut-être à Beyrouth. Le Liban était engagé depuis plus de quinze ans dans une mêlée sanguinaire. On avait cru que l'horreur finirait par dégoûter du Liban les Libanais eux-mêmes et qu'ils en avaient par-dessus la tête de leur pays. C'est vrai que nous les avions vus prendre le bateau à Jounieh et partir le plus loin possible, pour l'Australie, le Canada ou l'Argentine. Ils étaient au plus bas du découragement quand un général troupier, qui n'était courtisan ni de l'argent ni du crime, asservi simplement par son obéissance à quelques grands principes, rassembla son pays. Ce peuple et ce général s'épaulèrent. Débarbouillés de leurs erreurs, de leurs péchés, ils entreprirent de reconstruire leur République. Ce n'était pas une mince affaire. Mais sortis du labyrinthe des guerres libanaises sans esprit de revanche, au contraire, respectueux des autres et même du peuple syrien, ils étaient assez fous pour espérer et entreprendre. D'une parfaite égalité d'humeur, deux ans durant, capables d'endurer le pire si le pire était le prix à payer, parés de la seule innocence des catacombes, ils avaient eu le courage d'affronter le despotisme à visage découvert. Ces hommes révoltés étaient en règle avec leur conscience. Ils avaient, les pauvres, osé croire, et même dire à haute voix, qu'ils travaillaient peut-être aussi au salut du monde. Car la libanisation du monde était à l'ordre du jour. La planète flambait, et flambe encore, de plus belle. Partout brûlent les foyers des discordes intérieures. Les fanatiques ensevelissent les démocraties sous leurs excréments. Les intérêts particuliers tiennent le haut du pavé. Partout sévit la dictature de l'argent. On voit sans cesse l'intelligence caresser le veau d'or dans le sens du poil. La violence est devenue l'inépuisable filon de la canaille. Les majorités oublient de protéger les minorités. Les minorités s'enivrent de leur différence, refusent les contraintes de la loi commune, s'arment pour extorquer des privilèges, et transforment leurs cités en ghettos. Des miliciens paradent dans les rues de nos sociétés de droit, en uniforme, avec des fusils d'assaut à la main. Ils mitraillent les palais de justice, zigouillent les juges, terrorisent ministres et législateurs. Le bien commun et la vertu sont la risée des populations excitées à plus de railleries encore par des hommes-troncs décervelés. Les foules, pétrifiées devant leur petit écran, s'empiffrent d'images où elles se voient mourir. Constitutions et idéaux sont sacrifiés sur l'autel des consensus. L'homme passe.

Les paroissiens de Baabda s'acharnaient à combattre cette libanisation par une autre. Tirant leur lumière des forces de la nuit, ils donnaient de la chair à leurs songes. Ils parlaient benoîtement de « résistance morale ». Ils travaillaient à la victoire de l'agneau sur le loup. Ils ne doutaient pas que le courage allait l'emporter sur la bestialité, la communion sur le génie de l'atroce, et l'honneur sur la vulgarité. Je n'invente rien. Combien de fois les ai-je entendus refaire le monde ! Ils se voyaient déjà offrir leur avenir, une patrie cosmopolite et policée, à l'exemple des nations. Les nations souriaient de leurs efforts et de tous leurs grands mots, lointaines, indifférentes, amusées, moqueuses. Mais je me souviens du général Aoun me disant : « Heureux ceux qui peuvent sourire, leur ironique insouciance est la preuve qu'ils sont libres. Je crois m'être toujours battu pour qu'à Beyrouth aussi, les gens puissent sourire quand on leur parle de démocratie. »

François Mitterrand ne s'est pas privé de sourire. Il habitait trop son époque, telle qu'il l'avait façonnée, pour prêter la moindre attention aux songes de Baabda.

Notre roquentin de l'Elysée est un père libertin pour la France. Depuis 1981, il lui enseigne l'esquive, la dérobade, la frivolité, l'amnésie, l'ambiguïté. Il lui fait croire qu'il ne faut croire en rien. Les Libanais, avec leur logique d'illuminés, lui donnaient des boutons.

Quand on lui parlait du général Aoun, comme le fit un jour Claude Mauriac lors d'un déjeuner, il prenait un regard creux, tournait la tête et disait : « Je ne connais pas ce monsieur. » Il ne connaissait pas Aoun parce qu'il ne voulait pas le connaître. Il préférait la compagnie des roués, des seigneurs de l'argent, des écrivains pétainistes et des combinards. La dernière fois que je suis allé à l'Elysée, je l'ai vu bras dessus bras dessous avec Christian Nucci.

La destinée de François Mitterrand ressemble à celle de Talleyrand. Le socialisme ne fut pour Mitterrand qu'un expédient de son ascension. En d'autres époques il aurait porté le rochet, la chasuble et la mitre, comme il chantait hier le refrain de *l'Internationale*. Lacour-Gayet, qui recensa toutes les ondulations du prince de Bénévent, écrivait à propos de Talleyrand : « Sa haine de Napoléon, sa jalousie de Richelieu l'emportèrent par moments sur son amour de la France ». A propos de Mitterrand, nous pourrions dire : sa haine de Charles de Gaulle, sa jalousie de Giscard, de Barre, de Chirac, de Savary, de Rocard, de Delors, de Mauroy, de... le dévorent. Son âme est un champ de bataille. Comment aurait-il eu le temps et la force de s'intéresser aux ruines de Beyrouth ?

Mitterrand gouverne la France à l'estime. Il ne voit pas plus loin que le bout des couloirs où il mène ses intrigues. Son génie des coups tordus exaspère les courants du Parti socialiste. Mais son machiavélisme s'arrête aux cinq cent mille kilomètres carrés de la France embaumée. Ses finasseries ne supportaient pas les passions libanaises. Il les étouffa.

Il sauve les apparences avec ses grands airs. Lui dit-on que sa prétention appartient à Montoire ? Peu lui importe, puisqu'il règne.

Il se repaît de sa gloire, prend sa revanche sur le passé. Longtemps haï par la nation, l'aventurier s'est fait limer les dents. L'intervention du dentiste fut salutaire à son destin. La France adora ce qu'elle avait brûlé.

Son flair de maquignon ne le trompe pas sur les faveurs de la foule. Il se méfie d'elle, de ses grâces comme de ses jacqueries. Il s'affuble de morgue pour recevoir les hommages et se fait tout miel pour dégoupiller les épisodiques fureurs de la rue. Il lui tend les bras, la prend dans sa glu, par en bas, hip hop, et avertit son Premier ministre qu'il vaut mieux céder pour durer.

Le Liban a manqué de défilés et de comités à Paris. Mitterrand aurait tremblé devant l'Église mobilisée. Mais évêques, curés et vicaires avaient sans doute d'autres chats à fouetter. Les hommes et les femmes de pensée, eux non plus, dans leur majorité, n'ont guère servi le devoir de liberté. Satisfaits de leurs prébendes, occupés à gérer leur image, ludions étourdis par la proximité du pouvoir, ils participèrent aux extases de l'éphémère. Il ne fallait pas gâcher la fête présidentielle. Peu de rebuffades. Beaucoup d'encensoir.

C'est ainsi que Mitterrand put prendre le Liban à la venvole.

A six heures du matin, heure de Damas, le samedi 13 octobre 1990, les clefs de Beyrouth étaient donc remises aux représentants de « la centrale du crime » (Revel). Nos démocraties regardaient ailleurs. La liberté du Liban, à l'évidence, n'était plus un problème. Il n'y eut pas un de nos habituels bigots des droits de l'homme pour s'émouvoir. Notre pays courbait la tête devant le terrorisme. Giesbert, Julliard, Kravetz, Josette Alia, Jean d'Ormesson élevèrent la voix. Jean-François Deniau fit se lever le gouvernement et toute l'assemblée. Trop tard. Il y avait un bail que la France s'adonnait à la légèreté et à la lâcheté. Quelques oraisons funèbres n'y pouvaient rien changer. La chute du Liban semblait obéir à la force de l'inévitable alors qu'elle n'était que la conséquence de notre politique.

A Beyrouth, l'obscurité était totale. Ce n'était pas une obscurité météorologique. L'automne au Liban ne dément pas la lumière de l'été. Le soleil flambait. Non, cette obscurité qui plongeait le Liban dans les ténèbres était celle des cœurs changés en pieuvres. Un sang d'encre coulait dans toutes les veines. Il tranformait l'amour en haine. Les Libanais regardaient le ciel, et ils voyaient un soleil noir. Ils regardaient leurs amis, et ils voyaient de vieux pays détourner leur visage. Ils regardaient leurs villes, leurs montagnes, leurs jardins. Ils regardaient tout autour d'eux, et voyaient qu'ils étaient seuls, seuls au milieu des cadavres crevés de tous leurs songes.

Les semaines suivantes ne furent qu'un long

écœurement. La hiérarchie maronite fut mise en accusation, pour avoir livré la nation libanaise au Syrien. A Aïn-Remmaneh, à Hadath, à Hazmieh, les paroissiens fermèrent les églises. A Batroun, pour l'enterrement des soldats d'Aoun, ils chassèrent le prêtre venu célébrer l'office des morts et appelèrent un cheikh pour réciter des prières au nom d'Allah. Le Patriarche, Nasrallah Sfeir, vilipendé pour sa couardise, et l'évêque de Beyrouth, Khalil Abinader, qui encensait le maître de Damas à longueur de sermons, furent voués aux gémonies. Des religieuses, dont on peut facilement imaginer l'innocente et candide piété, jetèrent un jour leur chapelet à la figure du nonce, monseigneur Puente, qui n'avait jamais cessé ses manigances contre Michel Aoun. Certaines riaient de haine en cinglant avec les grains de leur chapelet les joues du diplomate. D'autres imaginèrent d'ignobles traitements pour Jean Paul II, leur Très Saint-Père, qui avait abandonné ses enfants libanais. Le sceau du désespoir s'imprimait sur tous leurs traits, déformés par d'affreuses grimaces. Paupières gonflées, yeux exorbités, regard fou, bouches tordues, ricanements. Ces jeunes convulsionnaires en robe noire étaient à l'image du peuple libanais, dévoré par la tristesse et l'amertume. Il n'avait plus que la force de vomir sur ses bergers qui avaient accepté ou souhaité la servitude. Il voulait souiller ceux qu'il avait adorés et qui l'avaient livré. Le cœur soulevé, abandonné de tous, il s'abandonnait lui-même et recrachait jusqu'à la foi de son enfance.

Nul ne sait ce qu'il peut advenir d'une nation dont le désir d'absolu a été aussi bafoué. Elle peut décider de s'enfermer dans sa tombe, s'entourer d'oubli et réussir sa mort. Elle peut se prosterner devant les ennemis de ses ennemis. Elle peut embrasser ses nouveaux maîtres sur la bouche, par fatigue, pour faire marcher le commerce, parce qu'elle a besoin de paix, ou parce qu'elle a goûté à l'abjection et qu'elle en redemande. Elle peut aussi renaître.

Paris, décembre 1990 - janvier 1991.

TABLE

9 782246 446415